投资小白的财务自由之路

独步雲笈 ◎ 著

中国铁道出版社有限公司
CHINA RAILWAY PUBLISHING HOUSE CO., LTD.

图书在版编目（CIP）数据

投资小白的财务自由之路 / 独步雲笈著 . — 北京：
中国铁道出版社有限公司 , 2024.6
ISBN 978-7-113-30860-5

Ⅰ.①投… Ⅱ.①独… Ⅲ.①私人投资 - 基本知识
Ⅳ.① F830.59

中国国家版本馆 CIP 数据核字（2024）第 067899 号

书　　名：**投资小白的财务自由之路**
　　　　　 TOUZI XIAOBAI DE CAIWU ZIYOU ZHI LU

作　　者：独步雲笈

责任编辑：张亚慧　　编辑部电话：（010）51873035　　电子邮箱：lampard@vip.163.com
装帧设计：宿　萌
责任校对：苗　丹
责任印制：赵星辰

出版发行：中国铁道出版社有限公司（100054，北京市西城区右安门西街 8 号）
印　　刷：河北京平诚乾印刷有限公司
版　　次：2024 年 6 月第 1 版　　2024 年 6 月第 1 次印刷
开　　本：710 mm×1 000 mm 1/16　印张：13.75　字数：209 千
书　　号：ISBN 978-7-113-30860-5
定　　价：69.00 元

投资是一件复杂的事情，还是一件简单的事情？如果从投资结果来看，由于大部分人是亏损的，会让人觉得投资是一件很复杂且困难的事情。可是，在我们学习投资"大师"的著作时，会发现他们都主张投资要简单化——简单到靠常识，简单到小学生都能看懂，简单到只需坐着不动，甚至简单到不用大脑。为什么我们与他们的观点会有如此大的差别呢？在我看来，根本原因在于是否看透了投资的本质。如果你看透了，投资就会很简单，如果没看透，则一直都在走弯路。

多年以来，我接触过投资圈各式各样的人，有名校的金融高才生、读过上百本交易书籍的学习人、账户一天波动几十万元依旧谈笑风生的人，还有亏损多年仍在摸索投资方法的人。

很多有着高深专业知识的人，却无法在投资市场中获利，而有的人明明懂得并不多，却在市场中获利颇丰。彼得·林奇曾说："在沃顿商学院所学的课程本来应该能够帮助你投资成功，但在我看来却只能导致你投资失败。"这充分说明，投资有另一套重要的逻辑，而不是书本上告诉我们的那些东西。

我们在大学所学的那些金融知识只是"术"的层面，能否运用好这些"术"，要看"道"层面的修为，即对方法、理论的驾驭能力。这种驾驭能力，包括能力与目标相匹配、重视大势而不是技巧、在没有大行情时要"静若处子"、遇到重大机遇时要"动若脱兔"、敢于在大众的恐慌中大举进场、对自己的交易策略要有无比坚定的执行力等。

本书的内容既有来自我多年交易实践的梳理，也有与几十位交易员交流的经验总结，希望能够帮助大家分析问题更加透彻。其实，任何行业做到高处，都是心性的较量。

资本市场是一个融合了悲欢离合、大起大落的竞技场，现实生活中有的情形，资本市场都有，现实生活中没有的情形，资本市场也都有。世界上没有哪一个圈子比投资圈更加丰富多彩、跌宕起伏，也没有哪个圈子比投资圈更给人刻骨铭心的感受。

知乎上有这样一个问题：成功的交易员会不会教自己的子女做交易？我的回答是：会的。我并不指望她做交易一定能成功，因为这与人的性格、意志力有关。我希望她可以明白一些课本之外的思维方式，让她知道有的行业仅凭一己之力，也能够让自己过上好的生活。这也是我写作本书的原因之一，也希望暂时遇到困境的人，可以发现人生别有洞天。

因为大行情、大利润往往是从大矛盾、大危机中来，因此，成功的交易员重视如何识别趋势、发现机遇，方法只用那些最简单的就足够了。相信聪明的读者一定不会舍本逐末、得鱼忘筌。

本书讲述的方法主要是一些原则性框架，希望每一位读者通过大量的复盘和思考，在交易细节上进一步打磨，不断完善，总结出适合自己的交易方法。每个人的性格、思维方式、资金量都是不同的，交易方法也必然是包含个性化因素的，是百花齐放般多姿多彩的。

最后，感谢我的妻子和女儿，你们的支持让我能够挺过这条没人看好的交易之路；感谢我的周易老师张松先生，让我掌握了古代象数思维；感谢指点我做交易的启蒙老师，让我明白了放大盈亏比的优势；感谢茶话股经先生在股市方面的指点；感谢文史作家朱晖先生帮助我寻找详尽的史料；感谢陪伴我走过风风雨雨的群友们。

书中内容仅代表个人观点，仅供参考。限于知识和阅历，书中难免有疏漏之处，欢迎读者指正。

独步雲笈

2023 年 12 月

目 录 ●————————————————————————————

第1章 这些投资观念小白要知晓 / 1

1.1 投资小白的优势 / 2

1.2 关注能力圈，以时间换空间 / 4

1.3 不要以卵击石，要以石击卵 / 6

1.4 我的投资之路：从基金、股票到期货 / 8

1.5 财务自由只不过是十二次翻倍 / 10

第2章 基金篇——积攒你的起步资金 / 15

2.1 了解基金 / 16

2.2 指数基金定投 / 18

2.3 缠论精要 / 23

2.4 简化缠论 / 26

    2.4.1 盘整背驰的用法 / 28

    2.4.2 趋势背驰的用法 / 38

2.5 缠论在 ETF 基金上的应用 / 44

    2.5.1 运用缠论预判大行情 / 44

    2.5.2 寻找更多的交易机会 / 46

    2.5.3 如何止盈 / 50

第3章 股票篇——获得你的第一桶金 / 51

3.1 重视图表分析 / 52

3.2 广受赞誉的《股票大作手回忆录》 / 56

3.3 板块轮动规律 / 57

3.3.1 第一种情况中板块的表现 / 58

3.3.2 第二种情况中的板块表现 / 61

3.3.3 第三种情况中的板块表现 / 63

3.4 重视整体大势而不是个股涨跌 / 67

3.5 利弗莫尔的操盘术：大势、关键点、坐得住 / 69

3.5.1 大　势 / 69

3.5.2 关 键 点 / 70

3.5.3 坐 得 住 / 73

第4章　期货篇——耐心等待改变命运的机会 / 77

4.1 普通人投资期货成功率有多大 / 78

4.1.1 期货交易的成功率 / 78

4.1.2 做期货要获得成功，至少需要三年的磨炼 / 79

4.2 期货市场那些弯腰捡钱的机会 / 80

4.2.1 苹果产量过剩价格低估，低位做多苹果 / 81

4.2.2 PTA 产能过剩并处于历史低位，做多 PTA / 83

4.2.3 好的位置弥足珍贵 / 85

4.2.4 弯腰捡钱的机会并不少 / 86

4.2.5 以坚定的信念拿住盈利单 / 88

4.2.6 关于期货价格跌破 0 元的问题 / 88

4.2.7 关于换月的操作方法 / 89

4.3 胜率和盈亏比 / 91

4.4 预测、系统、策略 / 100

4.4.1 预　测 / 100

4.4.2 系　统 / 101

4.4.3 策　略 / 105

4.5 职业期货人的成长之路 / 108

4.6 高盈亏比的操作机会 / 110

4.6.1 戒　条 / 111

4.6.2 方　法 / 111

4.6.3　信　　念 / 112

4.7　我常用的期货操作方法（一） / 113

4.7.1　如何用好突破法 / 114

4.7.2　发现关键位置 / 121

4.7.3　大趋势后的反转 / 125

4.7.4　较强烈、明显趋势中的反弹和突破 / 128

4.7.5　如何止损、止盈 / 132

4.8　我常用的期货操作方法（二） / 134

4.8.1　判断大势 / 135

4.8.2　寻找介入点 / 137

4.8.3　资金管理 / 140

4.8.4　浮盈加仓 / 140

4.8.5　与"三重滤网"交易系统比较分析 / 143

4.9　善用"市场的陷阱" / 145

4.9.1　失败的顶部形态 / 145

4.9.2　空头陷阱与多头陷阱 / 147

4.9.3　均线、趋势线上的"尾巴" / 150

4.10　期货屠龙术：浮盈加仓 / 152

4.10.1　三种适合浮盈加仓的操作机会 / 156

4.10.2　浮盈加仓的优缺点 / 162

第 5 章　投资之道 / 167

5.1　在"无"的层面下功夫 / 168

5.2　以道驭术：智慧第一、方法第二 / 170

5.3　善谋者谋势，不善谋者谋术 / 173

5.3.1　趋势重于方法 / 173

5.3.2　获取财富的三个层次 / 176

5.3.3　如何发现大趋势 / 177

5.3.4　地缘冲突蕴藏着机遇 / 177

5.4 正财与偏财 / 178

5.5 危机与自律 / 183

5.6 智者知止 / 185

    5.6.1 交易人生的战略选择 / 185

    5.6.2 懂得放下，人生之路更加广阔 / 186

第 6 章　缠　　论 / 189

6.1 缠论之"患"与"不患" / 190

    6.1.1 横盘走势终结后，必然转化为上涨或者下跌 / 192

    6.1.2 下跌走势终结后，必然转化为上涨或者震荡 / 195

    6.1.3 上涨走势终结后，必然转化为下跌或者震荡 / 197

6.2 缠论之完全分类 / 199

    6.2.1 简单说明完全分类的思维方式 / 199

    6.2.2 未算胜、先算败 / 202

    6.2.3 完全分类对心态的影响 / 204

6.3 缠论之区间套 / 204

    6.3.1 技术分析角度的区间套 / 205

    6.3.2 技术分析必须在三个独立系统中才能发挥

        最大威力 / 208

    6.3.3 广义角度的区间套 / 209

6.4 缠论之当下 / 209

第 1 章

这些投资观念小白要知晓

1.1 投资小白的优势

人们对投资的一个最大误解，就是以为靠聪明才智可以获得投资奇迹，单纯地以为投资成功的人都是学识渊博、智商超群的天才。恰恰相反，我认为，除极少数投资天才之外，意志坚定的人，反而更容易获得投资成功。

在彼得·林奇的《战胜华尔街》中讲述了一个故事，小学生选择的几个股票组合，比很多基金经理的业绩都要好，可能是小学生的想法比较简单，而简单的方法往往更接近投资的本质。相反，华尔街大部分的基金经理，与散户相比，他们在投资时会受到各种行规的约束，受到业绩排名的压力，受到客户赎回的干扰。很多基金经理拼命地研究、拼命地选股、频繁地操作（彼得·林奇操作也很频繁），可是绝大部分基金经理仍然跑不赢指数，也就意味着华尔街那些拥有聪明才智的优秀的"高才生"，还不如每只股票都买一点儿然后放着不动（相当于买了一个指数基金）的"小学生"。

美国一位基金经理想过这样一个问题，如果让全球最优秀的金融高才生，每人提出一个自认为最佳的投资机会，岂不是可以创造出全球最厉害的基金吗？他们真的尝试了，亏损！再次尝试，再次亏损！这充分说明智商和学识并不是投资成功的决定性因素。我们再看看这几位投资著名人物：利弗莫尔12岁时只读过三年小学，就开始不断盈利，理查德·丹尼斯大学只读了一星期就退学炒期货……他们都曾经创造出惊人的投资业绩，为什么相当多具有更高学历、更高智商的金融专家、学者，投资业绩反而不如他们呢？

因为投资并不需要太多复杂的知识，反而是依靠一些简单的常识性的知识，并且不违背事物发展的基本规律就足够了。那些优秀的金融高才生们，常常高估了自己的知识和智慧，做了一些违背基本常识和规律的事情。

人们总是想用聪明才智战胜市场，而市场总是告诫他们：在我面前要小聪明没用！如果你用一个简单的方法，加上严格的自律、坚定的信念、持久的耐心，市场就拿你没辙了。

我在刚接触投资时，对金融知识一无所知，都是参加工作之后一点一点地从自学开始的。正因为如此，我从接触投资之初一直是谨小慎微，对收益率没有什么太高的要求，只要赚钱就好。我慢慢接触到技术、学识都比我强的"高手"之后，发现他们中的大部分人都是亏损的，包括掌握几十种技术指标的大叔、通读上百本交易类书籍的小哥，资金过七位数的大户，有多年交易经验的金融学硕士……

后来，我逐渐明白了，市场有一种引诱作用、驯化作用，逐步让人高估自己，以为自己掌握了必胜的方法。尤其是读过一些金融"大师"故事的人，他们以为自己也能创造一个金融神话。其实，这样的人一开始就失败了，因为他们一直在做超出自己能力圈的事，急于求成，刚进入市场就落入了市场的圈套。

曾经有位操盘手说："庄家一点也不怕那些聪明的散户，因为他们总是在行情上涨出现回调时自作聪明地落袋为安。"这样的"聪明人"，只要经过大力洗盘，就可以全部洗出去。庄家最怕的是那些在自己的成本区建仓，怎么洗都洗不掉的散户，他们是庄家的最大威胁，因为他们常常在庄家准备离场时，在庄家身上狠狠割掉一小块肉。

心简单，事情就简单！

我的投资历程，也是从简单到复杂，最终再次回归简单的过程。在回归简单的过程中，我越来越深刻地体会到斯坦利·克罗的名言："投资是很简单的事情，简单到不用大脑的程度"的含义。初次接触投资的小白们，请保持这份单纯，这可能是你的一项绝佳优势。那些深谙投资之道的"老手"，他们的脑海里已经装满了不能让人盈利的、大量的理论和复杂的方法，再也容不下一点点简单的观念，就像经过涂鸦的白纸无法恢复洁白一样。在

第 5 章我会讲到这样的一些人和事，他们如果不经过一番痛苦的、脱胎换骨的淬炼，是很难回到投资正道上来的。

1.2 关注能力圈，以时间换空间

《西游记》三打白骨精片段中，孙悟空给唐僧画了一个圈，只要唐僧不走出这个圈，妖怪就无法伤害他。上一节我提到小白投资的优势是有前提的，那就是不要走出自己的能力圈。

如果让小学生去解答大学高等数学的微积分题，就算是少年天才也会觉得棘手；相反，如果让大学数学专业的硕士生去解小学生考卷的数学题，就算是再差的数学硕士也会觉得易如反掌。这原本是十分简单的道理，可是在投资界违背这一简单道理的人比比皆是。

比如，我们经常看到，有的人眼见别人在股市赚了钱，在对股票一无所知的情况下就跟投几十万元。甚至有的人连铁矿石期货是什么样子都不清楚（实际上是粉状），就通过保证金账户购买了 1 000 吨铁矿石合约。他们在做远超自己能力圈范围内的事情，就像小学生去解答微积分难题一样，后果可想而知。

其实不仅仅是普通大众，就算是有过辉煌投资业绩的专业投资者，也常常是因为做了超出自己能力圈的事情而败落的。"德不称其任，其祸必酷；能不称其位，其殃必大"。所以，每年我们都能在新闻上看到因为炒股、炒期货导致无法收场的悲剧事件。

投资，原本是让人获得财务增值的一项活动，但统计数据表明大部分人因为做股票、期货反而是以亏损告终。一个重要的原因是大部分人接触投资后，受到一些成功案例的诱惑，或者看到周围的人赚了钱，或者因为偶尔几次大赚导致信心爆棚，从而高估了自己的真实能力。而做投资的人，往往因为价格的波动，受到贪婪和恐惧的干扰，常常做出不明智的行为。

做超出自己能力圈的事情，是投资的一项大忌。始终在自己的能力圈内行动，是贯穿投资始终的一项基本准则。这条准则看似简单，却是成功者与失败者的分水岭。在后文讲述的各种投资方法中，常常能体会到我始终坚持把握自己的能力圈，这也许是我的一些思路与网络上说法不一样的原因。

比如，我在刚接触投资时，最初只拿 100 元在支付宝买了一份基金。当时，有的基金最低投 1 000 元，有的基金最低投 100 元。有一天，同事听说我在买基金，就问我今天赚了多少钱？因为那天涨了 5.2%，我说赚了 5.2 元。同事对此嗤之以鼻，说了一句"才赚这么一点啊"。他觉得买基金不会有什么收益，后来就没有再问我了，从此他也没有研究过基金。而在我看来，投入 100 元，一天可以赚 5.2 元，如果我投入 100 万元，一天就可以赚 5.2 万元，相当于我当时一年的税后工资了。于是我对基金等投资产生了浓厚的兴趣，开启了我的投资之路。

一开始只投资 100 元，是因为我对投资一无所知，所以，我在初次尝试时，我的投入是能够买入的最小份额。这也是我深深刻在骨子里的观念，关注能力圈，能力圈外的东西要谨慎对待。相反，当时有些同事刚开始接触股票，就投入几万元，结果自然是亏损不少。如果那些同事要实现财富增值，需要先把亏损的钱赚回来，然后继续不断地盈利才行。后来我看到巴菲特关于投资的三条铁律："第一，保住本金；第二，保住本金；第三，时刻牢记前两条。"才发现我的坚持也是这样的道理。

有三种情况容易招致灾祸，分别是：德薄而位尊、知小而谋大、力少而任重。其本质是综合实力与目标的失衡。失衡越严重，最终导致的结果也越惨烈。大部分人做投资，从来未考虑过实力与目标的匹配问题。对于一般的行业，能力与目标相匹配是比较好的状态，甚至目标略微大于能力，反而可以激发潜力。然而，投资有其自身的特殊性，那些成功做大的人，如巴菲特、彼得·林奇等，他们都是主张做简单的事。与之相对应的，是那些连年亏损的人，无一例外，都是只有很微弱的实力，却做着获取暴利的美梦。

道理虽然简单，可是现实中我们常常看到有的人禁不住暴利诱惑，刚刚接触投资就投入期货、外汇市场中几十万元、上百万元，最终出现无法收场的情况。如果他们在投资之初就考虑能力和财富相匹配的问题，就不会有那样的结果了。

有一分能力，就可以得到一分财富，但千万别用一分的能力，去谋求十分的财富。对于小资金而言，你需要记住下面这几个"圈"：

如果你有一点点基金基础知识，请坦然接受年化 0~10% 的收益率。

如果你有一些股票的业余知识，可以谋求年化 15% 左右的收益率。

如果你是一位比较专业的股票、期货交易员，可以获得年化 30% 以上的收益率。

在没有相应的实力之前，请不要越界，不要跨出自己的能力圈。

1.3 不要以卵击石，要以石击卵

有人说，投资股票的本质是一种博弈，是一种零和游戏。既然是博弈，我们就需要研究对手。散户的对手有公募基金、私募基金、游资和大户等。他们有的像天空一样高远，能够提前预知动向，有的具有较大的影响力，还有的具备精深的专业知识、高超的投资素养和丰富的投资经验。

作为一名刚入场的散户，似乎在各个方面都占尽劣势，无法与之抗衡，毫不讳言，散户想在股市获利相当于以卵击石，毫无胜算。

那么，散户如何在凶险的股市中才能获利呢？

我们知道，再凶恶的猛虎，也有打盹的时候，再聪慧的天才，也有犯错的时候，再勇武的将军，也有败走麦城的时候。散户要战胜对手，就要耐心等待那些类似弯腰捡钱一样容易的投资机会。这样的机会虽然比较少，但这样做却是十分明智的选择。而且，散户有两项巨大的优势：一是资金小进出市场比较灵活，随时可以止损；二是资金成本较低（大资金的融资成本比较高），没有机会时可以耐心等待，直到自己拿得准的机会出现为止。

我在做交易的早期，特别希望自己每个月能从市场赚到超过工资的钱，如果我能够保持住，就可以不用上班了。然而，这个路子很难走通，而且走得特别辛苦。我用了很长的时间，才明白了查理·芒格的两句经典名言：其中一句原话我记不清了，大概意思是"一生只给自己 12 次投资的机会，在一个卡片上贴 12 张便签，用一次撕掉一张，这样你的投资业绩会更佳"，另一句是"当成功率很高时，下最大的赌注。其余时间按兵不动"。

因为市场的机会并不是等价的。有的机会是非常珍贵的，对于那些安全性和确定性都非常高的机会，完全像捡钱一样。而大多数情况下，市场获利是比较困难的，而且风险和收益常常不成正比。所以，明智的方法应该是耐心等待那些高确定性的机会，就像巴菲特说的那样——靠常识就能判断出来的机会。

我常常思考一个投资的难题，以至于夜里辗转反侧也找不到解决办法，有些难题很多年过去了依然没有解决。后来我想通了，遇到无法把握的机会自己就不参与，只做自己能够轻易把握的机会。只要保住本金，就有可能等到轻松赚钱的机会。

投资与用兵有很多相似之处，所以，很多伟大的投资家都喜欢看《孙子兵法》。历史上，我们看到很多善于用兵的人掌握军权之后，几乎就没打过败仗，如吴起、韩信。难道他们确实拥有百战百胜的能力吗？并不是，他们深谙兵法的精髓，只在拥有极大胜算的情况下才出击，其他时间按兵不动。

市面上有些书籍会把《孙子兵法》与《三十六计》合编成一本书，加上《三国演义》等小说的影响，让人误以为优秀的将领擅长运用奇谋诡计，用以少胜多、以弱胜强的方式战胜对方，不仅打赢还要打得很"炫酷"，其实，这是对《孙子兵法》的误解。如果实力悬殊较大，任何以少胜多的战役都是小概率事件，这是兵家极力避免的事情。相反，那些军事天才们更希望用以多胜少的方式战胜对方，当没有确定的把握战胜敌人时，他们选择蓄积力量、等待时机，尽量避免战争。

真正的高手，对市场充满敬畏，始终把风控放在第一位，做人谦虚低调，做事严格自律，从不建议别人参与期货投机。他们从来不对以往的辉煌战绩沾沾自喜，也不炫耀在资本市场攫取的暴利，相反他们乐于谈论自己的一些失败经历。因为他们很清楚，没人可以百分之百准确预测未来，虚荣心随时可能摧毁一切巨额财富，而回味失败的经历可以让自己时刻警醒。

长期而言，期货交易就如同在一个崎岖颠簸的盘山路上开车，喜欢开快车的人虽然可能较早抵达目的地，实现目标，可是只要他还在盘山路上，随时都有坠崖殒命的风险。这也是投资界不缺"明星"，而缺"寿星"的原因。而明白这个道理的人会选择开慢车，通过低回撤风格一点一点地滚雪球，通过复利的积累依然可以成就传奇。他们明白，以大博小是事物发展的规律，以小博大需要高超的能力或者甘冒巨大的风险。

1.4　我的投资之路：从基金、股票到期货

伴随着我的投资知识逐渐增加、投资能力逐渐增强、投资难度、收益率和对应的风险逐渐递增的过程。在这个过程中，我始终坚持在自己的能力圈范围内行动，坚持实力与目标相匹配的原则。

除极个别的高风险基金之外，基金的投资难度和风险是最低的。我在投资基金之初，学习了大量的基金知识，请教过很多常年投资基金的人。后来逐步了解了基金的投资方法。但大部分基金的投资收益并不高，属于低风险、低收益的稳健风格。而且我发现，股票型基金与大盘走势相关度非常高，于是慢慢开始学着分析大盘走势，逐渐开始了投资股市。

先学基金再学炒股有很多好处，比如让你在学习投资之初就能体会到价格涨跌带给自己的兴奋与失落。最大的好处是让你在一开始就养成了先分析大盘，再分析个股，根据大盘走势决定进退的好习惯。而且经过长期分析各个行业的基金，会对股市各个行业的板块轮动规律更好地把握。把握了板块轮动之后再去相应的板块选股，成功率会大增。

在投资之初，人们都会追求确定性，喜欢预测价格涨跌。我也不能免俗地学习了各种投资知识、技术指标和基本面分析方法等，希望可以增加预测的准确率。但随着时间的沉淀会发现，靠提高胜率的投资模式很难做大。这里说的"很难"，有两种含义：一是预测价格涨跌是一件很难的事情；二是这种模式执行很辛苦。

做了几年的基金、股票投资后没发现问题，直到自己开始做期货，由于期货价格的随机性比股票要强，短期波动非常难以预测。经过多次把盈利回吐干净的经历之后，发现自己以前建立在预测的思维方式上的交易体系是脆弱的，不安全的。一旦我的预测正确率下降，账户就会大幅度缩水。然而，很多散户一开始都喜欢预测市场，喜欢高胜率的交易方法，甚至有部分人会养成一种亏了死扛，赚了就落袋为安的操作风格。

经过吸取《股票大作手回忆录》《海龟交易法则》等书籍的理论精华，结合我自己掌握的知识，我才逐渐明白了高"盈亏比"交易风格的优点，并将自己的投资风格转变。从此，在我遭受损失时，会严格止损，在大趋势中获得盈利时，会坚定持有，让利润奔跑。

真正彻悟投资之道的人，才会认识到自己的聪明才智是微不足道的，他们更注重借助大趋势的力量获得成功。

投资的一项重要原则，就是耐心等待大趋势的来临，并且搭上趋势的顺风车后，稳坐不动。这一点是投资的重中之重，我敢断言：绝大部分人没有明白领悟这一点，包括很多小有所成的人。这个观点在《股票大作手回忆录》中，利弗莫尔也曾重点提示过，我会在后面的章节着重分析。

正是明白这一点之后，才让我的投资回归简单，不再需要频繁盯盘，有时连续空仓好几个月不需要操作，但比我以前每天看盘的日子赚得还要多。我把这个观点运用在期货上，也获得了较好的投资回报。

有很多人咨询我的一些问题中，我发现大部分都是因为或多或少地追求高"胜率"导致自己最终陷入死循环而走不出来。他们不停地学习新知识、新方法，结果还是不停地亏损。而追求高"盈亏比"风格的人，只要解决了多次连续止损的问题，基本上都能慢慢获得盈利。

投资的关键是改变自己的行为模式，当你不再需要预测市场时，投资就会变得轻松。然而要实现这一改变，却是非常难的。这需要一定的数学基础，并且要忍受延迟满足带来的痛苦。为此，本书将从多个角度阐释高"盈亏比"的投资思路，为你的行为模式的转变，提供一臂之力。

1.5 财务自由只不过是十二次翻倍

市场上经常出现一些靠常识就能看到的机会，只要耐心等待，同时关注基金、股市和期货市场，那么这样的机会其实并不少见。2014—2022 年的 8 年时间里，我经历过的翻倍或涨幅巨大的机会，具体如下：

2014 年底，通过缠论分析，可以预知上证指数有月线向上一笔（缠论中的概念，两相邻顶分型和底分型，顶底之间的连线叫作笔）的可能性（2.5 中有详细分析）。

2015 年，国际原油价格持续下跌，到 2016 年 1 月，新闻报道一桶原油比一桶矿泉水便宜，且形态出现周线底背离，此时跟踪原油的 ETF 基金国泰商品反弹了 30% 以上，接下来的几年内来最高涨到 70% 以上（此时，大家也可以购买原油相关概念股）。

2015 年底，铁矿价格低估，周线级别拐点出现。

2016 年初，上证指数出现周线底背离，具备周线向上一笔的可能性，操作上证指数 B 基金可以翻倍（2.4 节有详细分析）。

2019 年初，铁矿周线级别三角整理结束，且价格低估，存在周线级别上涨的机会，如图 1-1 所示。

周线（复权）铁矿指数

-282.4

图 1-1　铁矿存在周线级别上涨的机会

2019 年初，上证指数经过一年的下跌，处于低估状态，证券板块率先止跌，出现投资机会。

2019 年，油脂价格长期处于历史低位，8 月突破下降趋势线，出现月线级别买入机会。

2020 年，纯碱的期货价格在 1 300 元附近，下方空间十分有限，无论是定投还是用网格交易法，只要大家做好资金管理大概率是盈利。

2020 年 5 月，国际原油价格再次跌到比矿泉水还便宜。国泰商品基金净值最高上涨三倍。原油系相关品种如 PTA、甲醇、燃油等都出现翻倍机会。

2021 年苹果价格处于低谷，果农亏损严重，后出现较大反弹，考虑期货的杠杆效应，大家可以实现翻倍利润（4.2 中有详细分析）。

2021 年 10 月处于低价的 PTA 出现深度回调，生产企业再次出现亏损，叠加原油价格上涨，再次出现投资机会（4.2 中有详细分析）。

2021 年 11 月，纸浆跌到历史低位附近，价格低估。后受到国际形势影响，产生较大幅度的上涨。

上面的机会，我们并不是每次都能把握住，也不是每次都能获得翻倍利润。但经过对本书的学习，大部分机会可以通过使用简单的交易策略把握住，有些甚至获利不止一倍。只要我们能在控制风险的前提下坚持做下去，一笔一笔慢慢积累，复利的力量是惊人的。

有人认为复利是难以持续的，因为大部分人都会赚了又亏出去。其实，很多人会挑战一些高难度的操作，而我始终主张做那些很简单的、靠常识就可以获利的机会，这样保持复利的可能性会非常大。

很多事，如果你想立即解决，那么这件事很可能是无解的，即使你很聪明，也找不到解决的办法。如果你把时间跨度拉长，即使你不太聪明，也可以找到很多解决的办法。

老子曰：上善若水。水是柔弱的，山石是坚硬的，用短暂的时间跨度看，水是无法击穿山石的，但从数十年、数万年的时间跨度看，任何山石都无法阻拦水流向江海。

人们常常有赚一亿的欲望，却没有哪怕多坚持一天的耐心。人们常常高估了自己短期的能力，却低估了长期坚持能达到的目标。做投资应该把格局放大，把眼光放长远，这样就会发现一些容易成功的道路。

如果计算复利的效果，我们就可以发现，一份很小的资金，经过 12 次翻倍后，资金额是原来的 4 096 倍。即使当初只投入一万元，经过 12 次翻倍后基本上就可以实现财务自由了。只要我们耐心等待那些像弯腰捡钱一样简单的机会，这个目标是可以实现的。

我在做期货的初期，就遇到一位做波段的高手，他每单只用 1/10 的资金，每次操作 1~5 单。每单投入的资金回撤 1/10 就止损。那么，他每单的操作最多回撤总资金的 1%，坚持了六年多，保持了 50% 的年化收益率，从 20 万元做到 440 万元。后来把 400 万元存银行，又从 40 万元重新做起。他的操作风格给了我深刻的印象。他能够实现复利增长，一个主要原因是风控非常严格，六年多的时间始终坚持每单损失不超过总资金的 1%。同时，他的风格对做波段的技术要求也很高。

做了很多年交易之后，我不再期盼每天每月的盈利，我更愿意等待那些简单把握就可以实现大幅盈利的机会。在实践中，不是每次大机会都能让你翻倍，也不是我们要定一个目标，必须做到每三年翻一倍，或者必须年化 50%。而是要看机会，有的机会可以轻易翻很多倍，而有的机会很难把握。我们应该像一名猎手一样，如果射程内出现大型猎物，就吃大肉，如果只有小猎物，就降低目标或者不操作。至于将来我们的射程内会出现大猎物还是小猎物，我们不知道也不去预测。在没有猎物时，可以不断学习、大量复盘，提高枪法准确度，而不要胡乱放枪。不然，等到机会来了本金可能已经消耗殆尽了。

第 2 章

基金篇
——积攒你的起步资金

2.1　了解基金

在我接触投资之初，是从基金开始起步的。当时看了大量的基金书籍，并接触到几位常年投资基金的高净值人士，他们大多是低风险、低收益的操作风格。这让我了解了风控的重要性。因为我发现，那些资金量很大的高净值人士，他们都具有专业的金融知识，却以操作债券、基金、套利等低风险投资为主，而一些毫无投资经验的小白，却喜欢玩期货、外汇等高杠杆、高风险的投资。我希望读者可以始终把风控放在重要的位置，因为它是投资专业人士的明智之举。后来，我逐渐以操作股票、期货为主，用闲钱投基金。所以，本节的内容是凭自己过去学习基金的经验总结的，可以帮助读者做一个大致的了解。

根据投资对象的不同，基金可分为货币基金、债券型基金、股票型基金和混合型基金等几大类。

1. 货币基金

余额宝就是一种货币基金。它的年化收益率目前保持在 2% 左右，货币基金具有高安全性、高流动性、稳定收益性。由于货币基金主要投资于短期货币工具，如国债、央行票据、商业票据、银行定期存单、政府短期债券、企业债券（信用等级较高）、同业存款等短期有价证券，因此，安全性比较高。虽然货币基金合约一般不会承诺保本，但在事实上，由于基金性质决定了货币基金在现实中极少发生本金的亏损。因此，资金在闲置时，我一般会投在货币基金里面。当需要使用时将其卖出，毕竟它在第二个工作日就可以取现（有的是 T+2 到账），非常方便。

市场上有很多货币基金，收益率水准都差不多。我一般会选择经营时间比较久，规模比较大的货币基金，因为它们被清盘的可能性非常小。

2. 债券型基金

债券型基金的收益率通常维持在 5% 左右。它的收益与利率成反比关系。当利率上升时，债券的收益率降低，在利率下降时，债券的收益率升高。债券型基金的收益率略高于货币基金，但企业债券存在一定的违约风险，所以，它的安全性略低于货币基金。我一般在可以预见的降息周期内，选择纯债基金进行投资。由于纯债基金是经过基金经理在很多优质债券中挑选的组合，即使其中某一家公司的债券出现违约，对整体收益的影响也较小，因此，安全性有一定的保障。

3. 股票型基金

股票型基金的走势，与大盘走势有很强的相关性。比如在 2007 年和 2015 年的大牛市中，相当多的股票型基金都获得了翻倍收益，而其后随之而来的熊市行情中，大部分股票型基金都出现了明显下跌。另外，股票型基金的收益率与基金经理的投资水平也有一定的关系。由于基金经理的收入与基金规模有直接的关系，与基金的收益率没有直接关系，因此，有些基金偏重宣传而对基金收益率一般不会有激进的追求。并且，我们偶尔会通过新闻了解一些基金负面内幕，这种风险是投资者无法避免的，因此，我很少投资股票型基金。

4. 混合型基金

混合型基金是指投资于股票、债券及货币市场工具，且不符合股票型基金和债券型基金的分类标准的基金。根据股票、债券投资比例及投资策略的不同，混合型基金又可以分为偏股型基金、偏债型基金、配置型基金等多种类型。混合型基金的收益率跟其内部构成，以及基金经理的投资水平有关。基于与股票型基金相同的原因，我很少投资混合型基金。

5. 指数基金

指数基金又称为交易型开放式指数基金（exchange traded fund，ETF），是跟踪相关指数的基金。比如，上证指数 ETF 的波动与上证指数一致，黄金 ETF 的波动与黄金价格一致。这种基金管理的资产是一揽子相关标的的组合，这一组合中的投资标的与某一特定指数，如上证 50ETF，包含的成分股票与上证 50 指数相同，每只股票的数量与该指数的成分股构成比例一致。

因此，ETF 的投资组合通常完全复制标的指数，其净值表现与盯住的特定指数高度一致。该基金的波动一般不会受到基金经理人为干扰因素的影响，投资收益主要看投资者个人对行情的判断能力，因此，这也是我最常投资的基金，也是巴菲特建议投资人购买的基金。在后面的章节中会详细分析指数基金的投资方法。

综上，我以操作指数基金为主，以闲钱投入货币基金，或者在预期降息周期时投入纯债基金为辅，很少购买股票型基金和混合型基金。

2.2　指数基金定投

投资者可以发现，只要把时间拉长，全世界绝大多数国家的大盘指数基金都是向右上方倾斜的，说明从较大的时间跨度看，绝大多数国家的大盘指数是上涨的。虽然上证指数牛短熊长，但从长期看也是逐步上涨的。图 2-1~ 图 2-3 分别是上证指数月线图、纳斯达克综合指数季线图和恒生指数季线图。

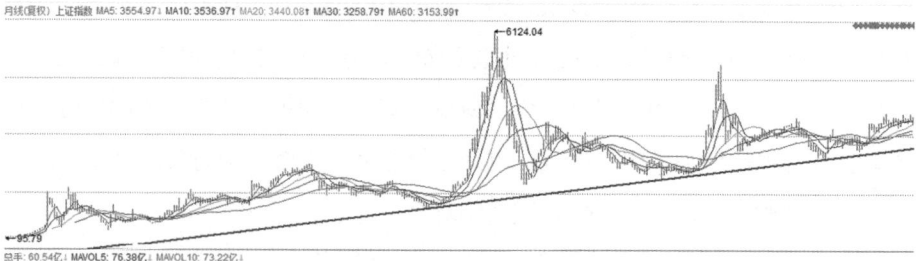

图 2-1　上证指数月线图

季线(复权) 纳斯达克综合指数 MA5: 14276.732↑ MA10: 12217.092↑ MA20: 9735.048↑ MA30: 8175.724↑ MA60: 5486.842↑ 　　加自选 均线 窗 ↲

纳斯达克综合指数 IXIC　　　　　　　　　　　　　　　　　　　16212.230

200.500

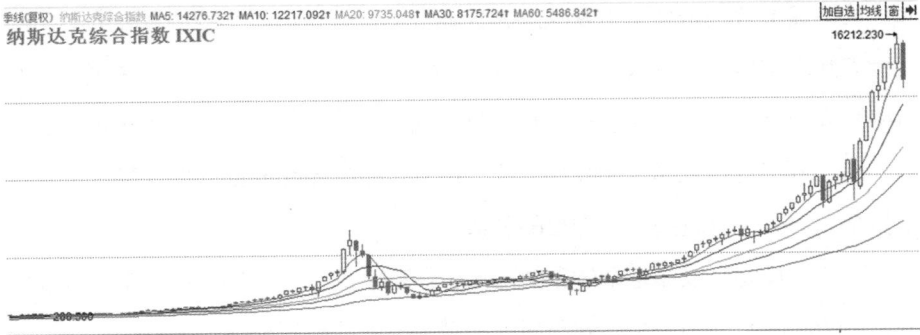

图 2-2　纳斯达克综合指数季线图

季线(复权) 恒生指数 MA5: 25893.90↑ MA10: 25638.01↑ MA20: 26799.36↑ MA30: 25482.80↑ MA60: 23385.03↑ 　删自选 均线 窗 ↲

恒生指数 HSI　　　　　　　　　　　　　　　　　33484.08

1894.90

图 2-3　恒生指数季线图

而且大盘指数基金还有一个特性——永续存在。即一般情况下大盘指数基金不会被清盘，更不会像股票一样退市或者停牌。

指数基金包含两个特性，即曲线上涨和永续存在，为投资者提供了一个很好的获利机会，基金定投微笑曲线如图 2-4 所示。

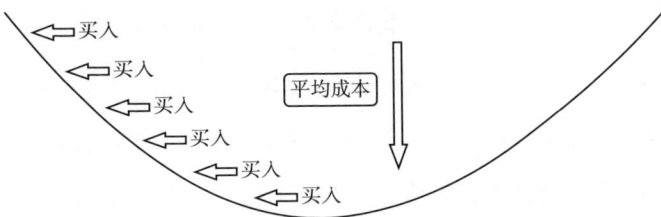

⇦买入
　⇦买入
　　⇦买入
　　　⇦买入
　　　　⇦买入
　　　　　⇦买入

平均成本 ⇓

定投的过程中，平均成本逐渐下降

图 2-4　基金定投微笑曲线

如果某指数基金处于下跌状态，只要按期投入，你的平均成本就会不断降低。因此，定投不怕指数下跌，尤其在指数处于低估阶段，跌得越多越便宜，对投资人越有利。由于大盘指数基金是长期上涨，因此，这笔投资是盈利的。唯一需要考虑的是怎样扩大收益。因为假如定投的年化收益太低，甚至低于货币基金，那么，它就失去了定投的价值。

因此，我们可以在基金便宜时买入，在基金昂贵时卖出。在全市场寻找标的，不断买入便宜的基金，卖出昂贵的基金，如此反复操作。

如何区分指数基金是便宜还是昂贵呢？对于宽基指数，可以用市盈率、市净率等指标做参考。比如，经过统计创业板指数的市盈率大部分时间在40~60倍徘徊，那么在其市盈率低于40倍时定投，我们能看到后期都有较大的涨幅，如图2-5所示。

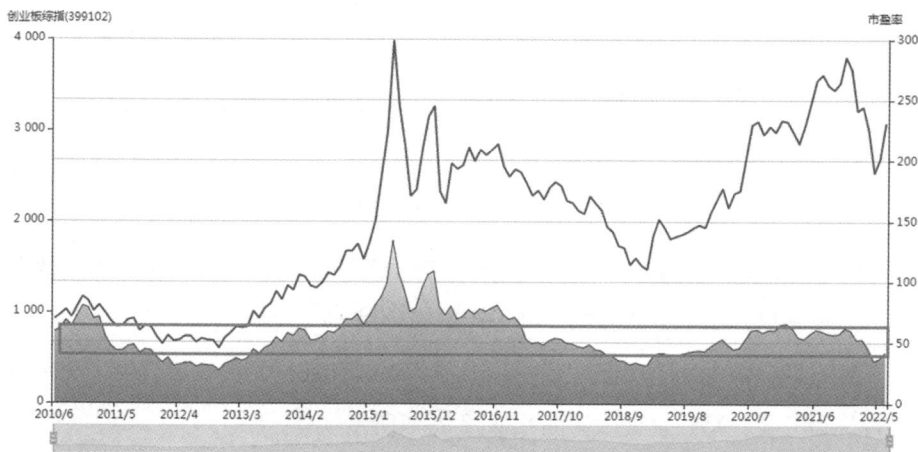

图2-5 创业板指数市盈率历年走势图

对于金融、地产、能源、材料、航运等强周期性行业，由于它们的盈利与经济周期相关性强，在景气周期，即使市盈率比较高也可能并不被高估，此时市盈率不能准确地表现它们的估值，可以使用市净率指标。比如，金融行业中具有代表性的证券行业指数，历史市净率在1.8~3.3倍徘徊，那么，我们可以在市净率低于1.8倍时开始定投。

判断估值的方法非常多，读者可以了解一下相关的知识。多种方法合并使用，精准度更高。本书后面将介绍常用的一些操作基金的方法，操作更简单，收益率也更好一些。

随着期货市场的发展，很多商品价格指数的 ETF 也逐渐登场了。常见跟踪商品价格的 ETF 有：黄金 ETF、白银 ETF、豆粕 ETF，今后其他商品的价格指数基金还会不断出现。商品指数也是一种很好的投资标的。这里以豆粕 ETF 为例进行说明。

豆粕是大豆提取豆油后得到的一种副产品，被广泛用于养殖业饲料。豆粕的价格与大豆的价格有一定的相关性，当大豆价格处于历史低位时，我们通过计算豆粕的各项成本，发现其价格很难跌破 2 000 元 / 吨。那么，在豆粕价格接近 2 000 元 / 吨时就可以开始定投豆粕 ETF 基金，在价格接近 4 000~20 000 元 / 吨时逐步卖出。豆粕的价格有一定的周期性，一般每隔四年就有一次定投的机会。豆粕的历年价格走势如图 2-6 所示。

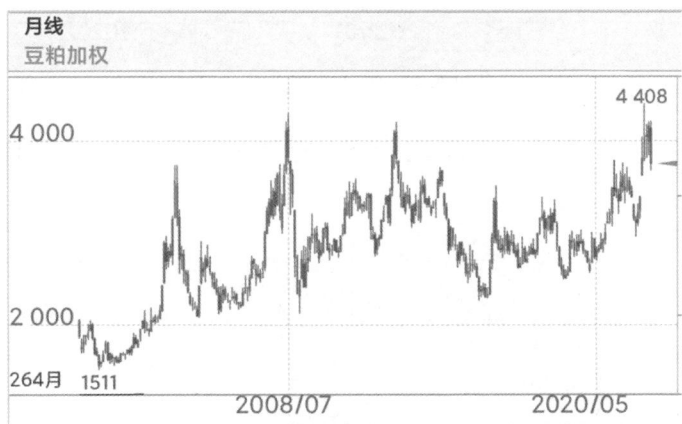

图 2-6　豆粕的历年价格走势

将来商品价格指数基金的种类会越来越多，只要计算好该商品的成本价，在接近成本价时定投，跌破成本价的商品更要珍惜。因为商品价格不可能长期低于成本价。如果商品的价格长期低于成本价，生产企业就会亏损，生产积极性降低，从而导致产量减少，逐渐逆转供需格局，价格开始上涨。

定投的本质是在投资标的便宜时逐步买入，在有泡沫时卖出，不需要预测底部和顶部，只要判断出昂贵和便宜即可。有时候商品价格会跌到一个极端的程度，我们通过常识都能判断，这就是市场给我们送钱的机会。比如，布伦特原油价格曾在 2016 年和 2020 年跌破 30 美元 / 桶，如图 2-7 所示，经计算，一桶原油的价格比一桶矿泉水还便宜，此时可以购买跟踪原油价格指数的基金，比如国泰商品（基金代码：162216），一直持有到价格高估为止。

图 2-7　布伦特原油价格

国泰商品历年净值走势如图 2-8 所示，2016 年和 2020 年都是绝佳的定投时机。

图 2-8　国泰商品历年净值走势

需要注意的是，任何投资都有一个难点：对自己的判断有耐心和信心。投资最难的是等得起、拿得住。我见过很多人一跌惊慌、一涨就卖出，能够坚定持有一两年的人比较少。在 2015 年底，很多人都说原油是一个投资良机，也有人买入了国泰商品，可是我看到很多人在 2016 年 2 月前忍受不了浮亏割肉止损了，也有一些人在 2016 年 7 月价格回调时不想再忍受价格的波动止盈了，只获得了微不足道的利润。真正拿到 2018 年价格高位的人非常少。

2.3　缠论精要

缠中说禅，想必接触交易多年的人都听说过。要成功就要向成功者学习。我学习缠论已有很多年，经过实践的打磨，学习过各种风格的方法，每当重新拿起缠论，会发现自己的风格与缠论越来越接近。真是仰之弥高，钻之弥坚。缠论的高明之处不仅仅在于技术和方法，而在于所站位置的高度和看问题的深度。坐过飞机的人都知道，云层之上晴空万里，云层之下阴晴雨雪。做交易要想拥有万里晴空，唯有提高思想的高度。做人也一样。人与人的差距不在于小聪明、小技巧，而在于世界观、人生观及坚定的信念。普通人喜欢去学笔、线段、中枢、背驰，却没能理解其背后的哲理，所以，产生钻进去出不来的现象，因此，大部分人学习了缠论依然无法盈利。由于我有一些国学功底，读缠论和《缠解论语》时常常引起共鸣，所以进步稍快。

缠论的以下思想对我帮助很大，也是很多做交易获得成功的人所共同遵守的法则。这里仅做简单的阐述，在下一节会结合实战案例进行分析，在第 6 章会详细阐述其中的原理。

1. 走势必完美

价格走势可以粗略地划分为上涨、下跌和震荡。就字面意思而言，走势必完美意思是任何走势必将完结，由于走势常常有一种数学上的韵律美，并且暗合黄金比例、斐波那契数列，所以，缠师用了"完美"这个词。无论价格怎么变化，必然可以划分为上涨、下跌、震荡三种，它是这个充满不确定的市场中十分确定的现实。于是，我们得以在从不确定中找到了确定性，从"患"达到了"不患"。这一点我们要深刻理解。只有这样，操作才真正有了底气。尤其是操作大资金，才真正有了依据。这样的哲理，不仅在交易上，在人生中也是有重大指导意义的。

2. 完全分类

完全分类和预测是两种不同的思维方式。比如，我们在面临重大抉择时，常常会瞻前顾后，患得患失，左右为难。于是有的人甚至会去抓阄、抽签来决定吉凶，其实这样的行为只能给自己一点心理安慰而已。一个成熟的决策者，是不会使用这样的思维方式的。成熟的决策者常常使用"决策树"的思维方式，把未来可能发生的情况进行完全分类。他们的思路历程如下：

如果发生 A 情况，那么……

如果发生 B 情况，那么……

如果发生 C 情况，那么……

至于发生 A、B、C 中的哪一个，不去预测、不去强求，而是做好万全的准备。

而普通人的思维方式却是：希望发生 A 情况，千万别发生 B 情况，如果发生 C 情况，就全完了。于是，散户们常常在一次偶然事件中亏损。

做交易时正确的思维方式是：我们事先不能确定走势是哪一种，我们把所有可能发生的情况都考虑到。于是，可以设计一套策略，无论市场怎么走，把结果变成两种：大赚和小亏（可以通过止损等方式实现小亏）。假如走势和我的预判一致则大赚，若与预判不一致则小亏。如此操作，长期必然是正收益。

3. 区间套

区间套的本质是大级别看方向，小级别找介入点，这是不同风格的交易员共用的交易手法，像《走进我的交易室》中重点讲解的三重滤网，《高胜算操盘》书中讲解的提高胜算的方法，核心都是顺大势、逆小势。古人云：善谋者谋势。我们看到，在牛市里就算是小白也可以赚钱，而在熊市中就算高手也很难赚钱。因为牛市是大级别的上涨，在牛市结束前的任何位置介入都是大概率会盈利。相反，在熊市中介入大概率是亏损。同样的道理，要想提高交易的胜算，就一定要看大级别的方向，然后去小级别找更加精确的介入点。

4. 当下

当下是缠中说禅的"心法"方面的内容。简言之，你的决策要根据客观情况的变化而变化，不能被主观看法迷惑。在后面的实际操作中，大家能够体会到一些当下思维的端倪。在第 6 章，我会专门用一节的内容详细阐述，这里不再赘述。

以上四个方面，构成了缠中说禅"不测而测"的思维体系，在此之前，极少有学者如此详细地阐述过这种思维方式。在杰西·利弗莫尔、斯坦利·克罗的书中，我们能看到一些类似的思维痕迹，但像这样如此详细阐述并形成交易体系的，确实是交易界的第一次。缠中说禅中的笔、线段、中枢、背驰等内容，都是为以上体系服务的，属于"术"范畴，而上面四个方面属于"道"的范畴。很多学习缠论的人，没有理解以上四个方面的道理，却反复研究笔、线段、中枢，这种舍本逐末的思维，怎么可能成功呢？

所以，我虽然学了缠论，但明白了交易的核心原理之后，更喜欢使用一些简单的招式。比如，均线和趋势线，简单明了，不需要画很久的图。禅师在解盘时也经常用这两个招式。自己设计出适合自己的方法，不必完全跟其他人一样。在我遇到的人里面，熟练运用缠论能够盈利的有好几位，但他们的操作都有自己的一些个性因素，形成了自己的体系，并没有严格按照缠论的买卖点操作。

每个人的性格不同，资金量不同，对盈利的目标不同，擅长的专业领域也不同，操盘风格怎么会完全相同呢？缠师的一些思路，对走势的把握十分精确，操作难度也非常高，这些都不适合新手去使用。很多人没有学懂缠师的思维，功底太差却心比天高，这是很多人学习缠论失败的主要原因。

2.4　简化缠论

我一直主张把复杂的理论简单化，因此，我将把缠论的一些简单的应用先分享给大家。在后面的章节中，再结合其他知识，把缠论的高阶用法逐步阐述。

缠论的一些高阶用法，是需要结合市场整体状况、板块轮动综合运用的，需要在后面章节的知识详细讲解。

本节的方法，不能算是缠论，因为它只是缠论的冰山一角。有缠论基础的朋友，可以直接跳过本节的内容。我之所以讲解，是因为这些方法可以让没有基础的初学者迅速学会，在能够盈利之后，再慢慢学习后续章节中那些更加有难度的知识，一边赚钱一边学习提高，形成良性循环。如果一开始就学习高难度的知识，学习很久也未能盈利，本金越亏越少，那么，用不了多久就放弃了。

首先识别上涨、下跌和震荡三种走势。因为只有上涨和下跌，才有必要进行背驰的分析。

（1）如果一个走势的高点越来越高，低点也越来越高，我们则认为是上涨走势，如图2-9所示。

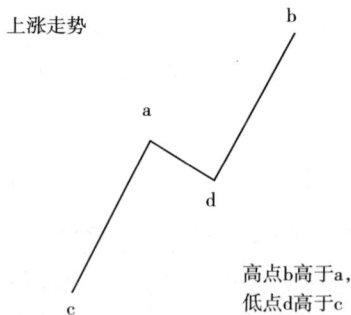

图 2-9　上涨走势

（2）如果一个走势的高点越来越低，低点也越来越低，我们则认为是下跌走势，如图 2-10 所示。

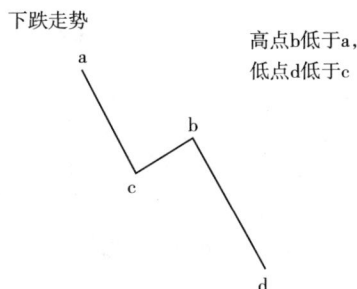

图 2-10　下跌走势

（3）上涨、下跌走势之外的所有走势，我们则认为是震荡如图 2-11 所示。但在实际操作时，我们主要做比较规则的震荡，对于太凌乱的震荡，操作价值不高，可以忽略。因为大部分震荡不具备操作价值。

以上图形均不符合高点越来越高，低点越来越低的规则，属于震荡走势

图 2-11　震荡走势

然后，区分两个概念：趋势背驰和盘整背驰，如图 2-12 所示。根据缠论划线的方法，只有一个中枢的走势被称为盘整背驰，有两个中枢的走势被称为趋势背驰（关于缠论的画线方法，大家可以在网上学习一下，按分型—笔—线段—中枢的流程，经过大量画图练习，熟练之后可以灵活运用，只需要看一眼走势，大致就知道中枢在哪里）。中枢的本质是多空双方对决留下的痕迹，知道价格在运行过程中在哪里受到过阻力即可。经过大量看图、画图慢慢会形成自己独特的视角，甚至创造出适合自己的画图方法，不必严格依照缠论画图。

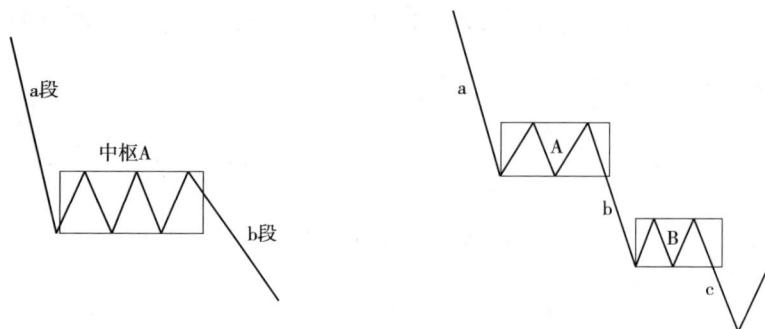

图 2-12　盘整背驰和趋势背驰

2.4.1　盘整背驰的用法

1. 寻找交易机会

假如一个匀速直线运动的物体没有受到外力影响，那么它将会继续匀速直线运动下去。相反，假如该物体减速了，那么必然是受到了外力的影响。如果价格走势出现了背驰，那么必然受到了一个反作用力。价格运行时也一样。当价格朝一个方向运行时，运行的力度越来越小，说明有一个向上的力在承接，未来可能发生反转，也可能变成震荡。背驰越严重，反转的可能性越大，如图 2-13 所示。

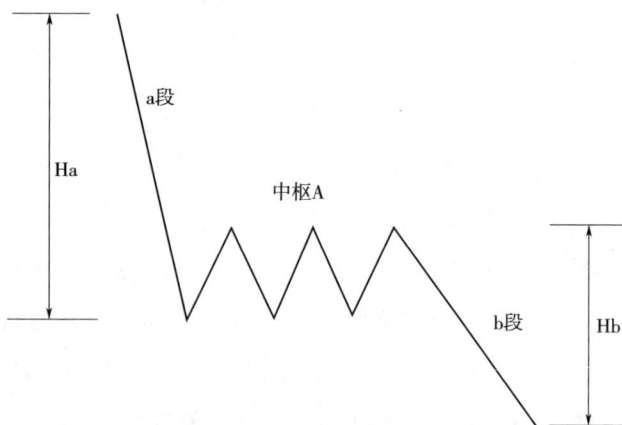

图 2-13　背驰反转

在图 2-13 中，把 a 段下跌与 b 段下跌进行对比。可以看 a 和 b 的高度 H 和斜率。无论在高度上还是斜率上，a 段都比 b 段要大，因此，b 段相对 a 段发生了背驰，说明 b 段下跌时价格受到了比 a 段更大的向上承接的力。那么，b 段结束后，趋势有一定概率发生转折。背离的程度越大，转折的可能性越大。

缠中说禅判断背驰的一个辅助方法是用 MACD，包括红绿柱背驰和黄白线背驰，如图 2-14 所示。我常用的是红绿柱背驰。

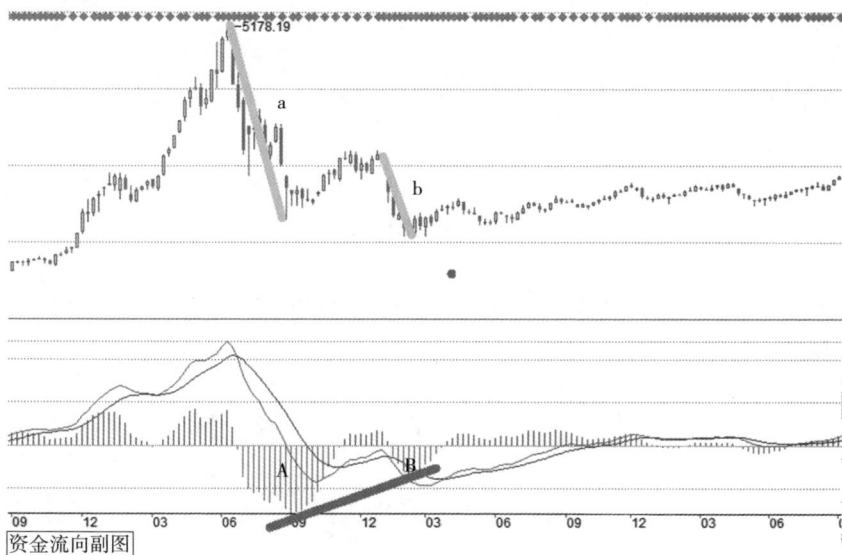

图 2-14　用 MACD 判断背驰

从图 2-14 可以看到，K 线图中有两段下跌，其分别对应着下方的两堆红绿柱，第二堆比第一堆要小，不管是从走势的长度看，还是从红绿柱面积的大小看，都发生了背驰，此后的行情转为震荡上行行情。

其实，很多指标都可以发生背驰，技术分析书上称为背离，如 KD 背离、CCI 背离、成交量背离等，本质就是价格创新高或新低，指标没有创新高或新低。有兴趣的朋友可以查阅一些技术分析书籍，掌握得越多，判断行情的把握越大。

图 2-15 为 KD 背离，价格创新高，KD 指标没有创新高，预示趋势可能发生反转。

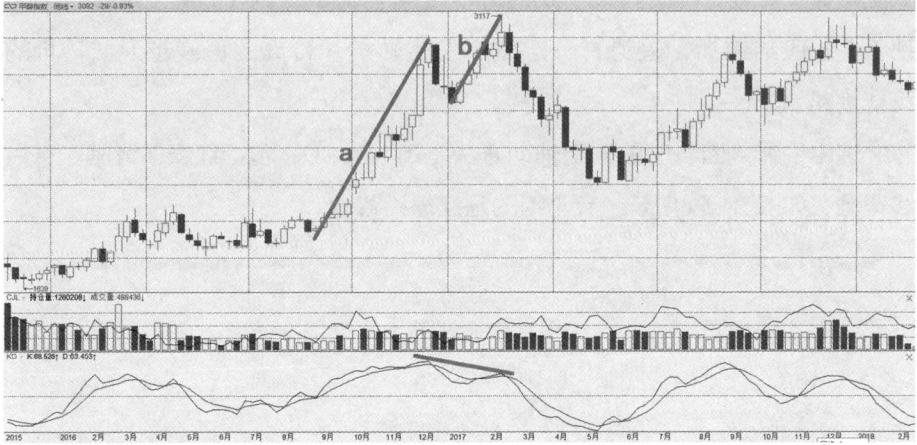

图 2-15　KD 背离

图 2-16 为成交量背离，价格创新高，成交量没有创新高，预示趋势可能发生反转。

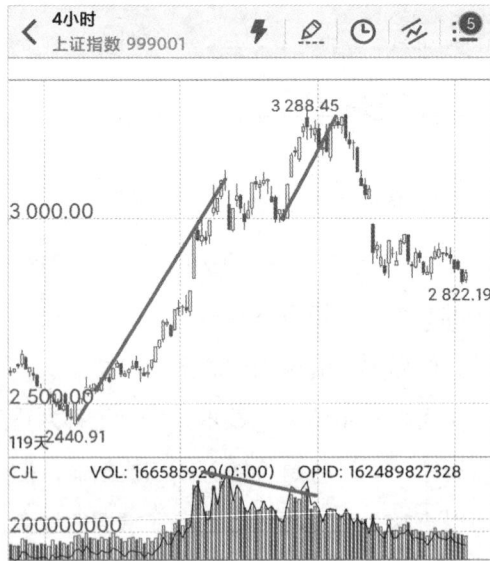

图 2-16　成交量背离

我们只需注意一点，背驰越严重，发生转折的概率越大。因此，背驰不需要严格去确认，能一眼看出来最好。如果仔细辨认依然不能看出是否背驰，那么说明这个机会并不好，可以直接忽略。经过大量的复盘后，判断背驰的功力会越来越高，盘感会越来越强。

背离只能证明原来的趋势越来越弱了，但不能确定趋势马上会发生转折。有些情况下，虽然发生了背驰，但经过震荡调整，价格还是有可能创新低的。如图 2-17 所示，c 段相对于 b 段发生了背驰，但经过一段时间的震荡后，依然有可能继续下跌出现 d 段。

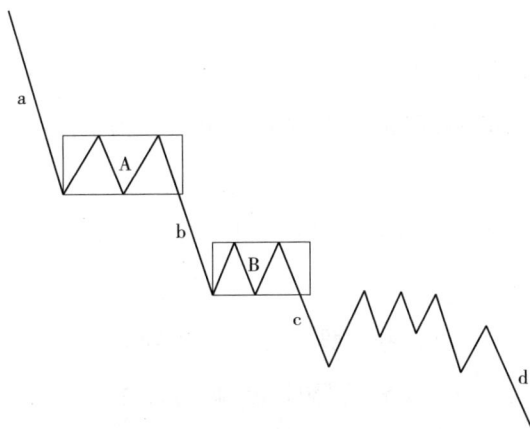

图 2-17　背驰经过震荡调整，价格可能创下新低

因此，发生背驰后，行情不是百分之百要发生转折，现实中可能会出现背驰后买入被套的情况，称为"背了又背"。这种中枢的延伸，偶尔会有多个。一般指数月线级别下跌的背驰只有一个中枢，周线级别下跌有 1~2 个，日线及以下级别的背驰，大部分情况下有两个中枢，也可能会有多个。因此，运用盘整背驰时，我常常在月线、周线图中寻找机会，然后去小级别寻找介入点，这样安全性高一些。

由于从背驰寻找操作机会本质上是一种逆势操作，在大部分情况下，逆势操作的风险大于收益。因此，该方法需要进行严格的限制。我一般遵循以下操作原则：

第一，新手主要在指数 ETF 的周线、月线发生盘整背驰时使用。此时发生"背了又背"的概率很低。而且，ETF 基金不像股票一样可能发生连续跌停且无法及时止损的情况。对于宽基指数 ETF，从长期看，大方向都是上涨的，因此，安全性非常高。如果背驰买入后继续下跌，可以用网格法不断降低成本，也可以定投并回本盈利。下一节会详细说明，这里不再赘述。

第二，操作股票时，对股票的基本面要有一定的了解，尽量避开垃圾股、爆雷股。我一般选择指数的成分股、大公司的绩优股、白马股进行关注，尤其是绩优股，它们发生日线级别背驰时，往往是被错杀，择机买入后上涨的概率和幅度都很大。

第三，操作股票时，新手尽量做周线、月线级别的盘整背驰。等熟练之后，再考虑做小级别。做小级别时，最好顺着大级别趋势做，并且大盘指数不能处于下跌趋势之中。

第四，期货的趋势延续性强，用背驰操作要慎之又慎，最好别用，以顺势交易为主。

第五，做好资金管理。我一般是把可以操作的资金分为 3~5 份，每次买入 1 份。仓位越轻，发生不利情况时越是游刃有余，但单次操作收益率也会越低。仓位越重，单次成功操作收益率越高，但遇到不利情况时很被动。我们需要在收益和风险之间把握一个平衡，对于新手，在操作之初应以轻仓为主，熟练之后才可以逐步增加仓位。

2. 介入方法

遇到背驰段之后，难点在于介入点的把握。我试过多种方法，但没有哪种方法可以每次都精准地判断介入点。下面介绍四种介入方法供大家参考。

（1）区间套

在大级别找到介入机会后，可以在小级别找介入点，通过层层细化，可以找到精确的介入位置。在实践中，找到最低点是很难的事情，但我从不追求买在最低点，而是接受用小的止损去捕捉大段的机会。

（2）均线法

根据走势的实际情况，找一根均线作为操作依据，最好是多次测试有效的均线，突破均线买入，跌破均线止损，根据后续的走势重新画出趋势线作为操作依据。只要不跌破，就拿住，直到收益扩大为止。

（3）趋势线法

根据走势的实际情况，画一根趋势线作为操作依据，突破该趋势线时买入，跌破趋势线止损。只要不跌破，就拿住，直到收益扩大为止。

（4）网格法

在遇到大级别背离时，短期内下方空间是有限的，可以用网格法分批买入。比如，把能够买入的资金分成 5 份，计划每跌 10% 买入 1 份，股价很少连续下跌超过 50%，在大级别底背离时可能性更小，大部分情况下都可以盈利。但是，今后实行注册制，会有不少股票面临退市风险，这个方法相当于逆势加仓，越来越不适合操作股票。这种方法我主要在操作 ETF 基金和指数成分股时使用，这些股票清盘或者退市的风险一般很小。在操作其他股票时会做一些简单的基本面分析，比如有些股票有社保基金刚刚介入，这样的股票退市的风险一般很小。

如图 2-18 所示，如果遇到基本面很差的股票，使用网格法介入时，可能被套很久也不会解套。因此，使用网格法时要谨慎，最好对股票的基本面有一定的了解。

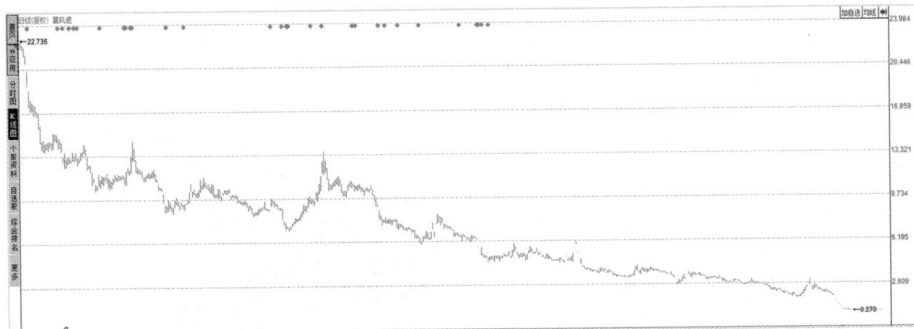

图 2-18　基本面很差，慎用网格法

3. 案例：上海电力

从上海电力的周线图看，a、b、c 三段下跌的力度一次比一次弱，c 段甚至没有创新低，如图 2-19 所示。那么，下跌趋势很可能已经完成了。未来要么转为震荡，要么转为上涨。此时可以逢低买入，不断做差价降低成本。如果做差价的能力不够好，可以分批逢低买入。

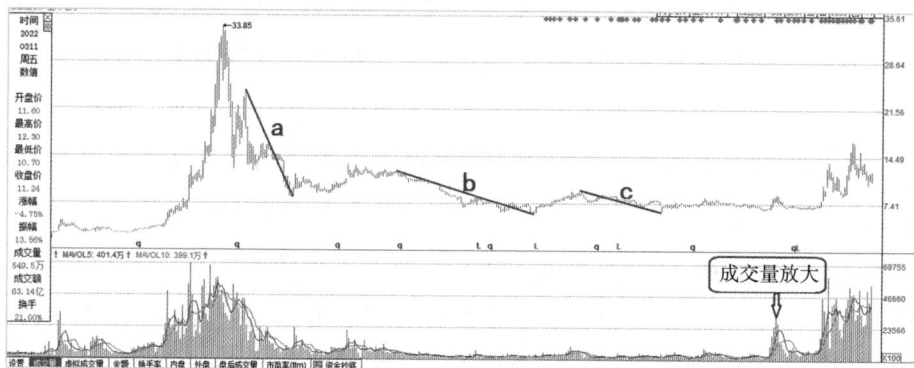

图 2-19　上海电力的周线图

有人会说，三段下跌并不是缠论中标准的下跌画法，如图 2-20 所示。是的，我没有严格按照缠论的方法去画图，我的思路是把缠论简化了，但在实践中效果是非常不错的。

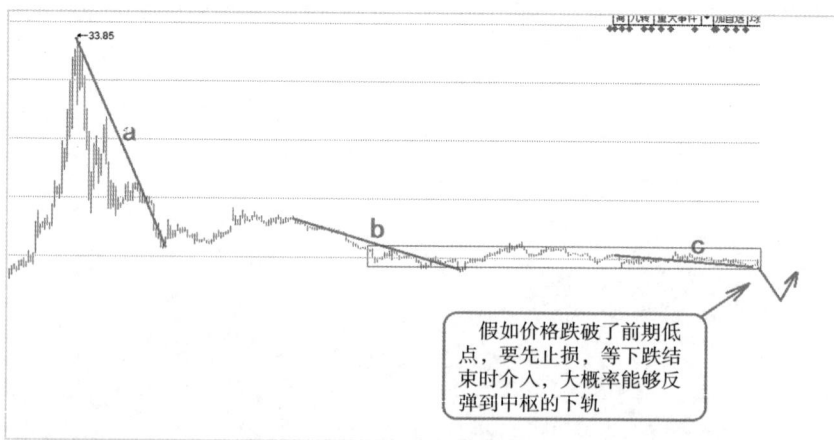

图 2-20　缠论中的下跌画法

一旦跌破前期的最低点（上图中 b 段的最低点），说明下跌走势并未完成。应该先止损离场，等待下跌阶段结束后，未来大概率走出一个周线级别的背离。那么，在周线结束后，再次介入，依然可以盈利。在操作之初，这些可能发生的情况都是要考虑的。在第 6 章我会介绍缠论"完全分类"的思维方式，因为它是做交易必须具备的思维方式。

现实中，上海电力并未跌破前期低点，而是转化成震荡走势。此时我们是通过分批买入，还是有能力高抛低吸降低成本后，实际成本均较低。占据了一个有利的位置，可以持股待涨。

后来，上海电力出现了一个放量的动作，如图 2-21 所示。低位放量的股票，一定要重点关注，很可能是大资金建仓的动作。因为一般的散户不大可能突然在低位集体大量买进。我们看到成交量在上涨时逐步放大，下跌时逐步缩小，而且红色 K 线对应的成交量较大，绿色 K 线对应的成交量较小，这是有大资金介入的迹象。此时，只要不跌破前期的最低点，我们就要更加坚定地持有。

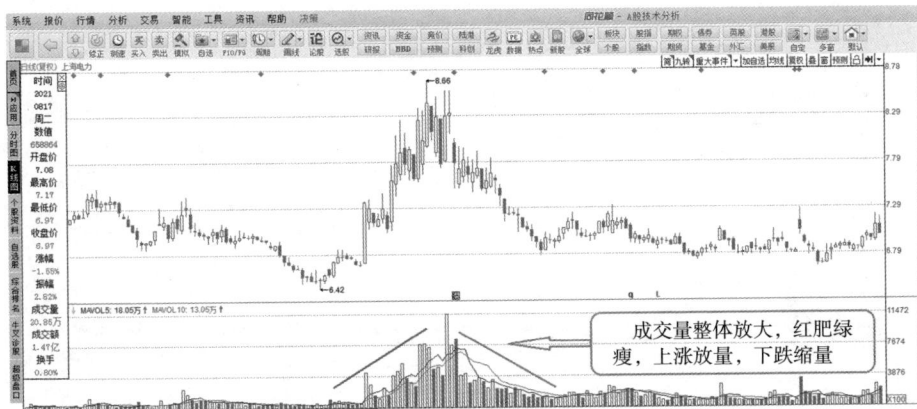

图 2-21　上海电力出现放量动作

经过长期整理后，受全球电力紧张的影响，电力板块集体拉升，上海电力也出现了两波较大的涨幅。

4. 案例：贵州百灵

贵州百灵是我操作过的一只股票，从周线图可以看出，在周线级别形成一个盘整背驰，如图 2-22 所示。我在股价跌破 A 中枢时，用网格法分批买入。这里借着这只股票介绍均线法、趋势线法和网格线的具体用法。

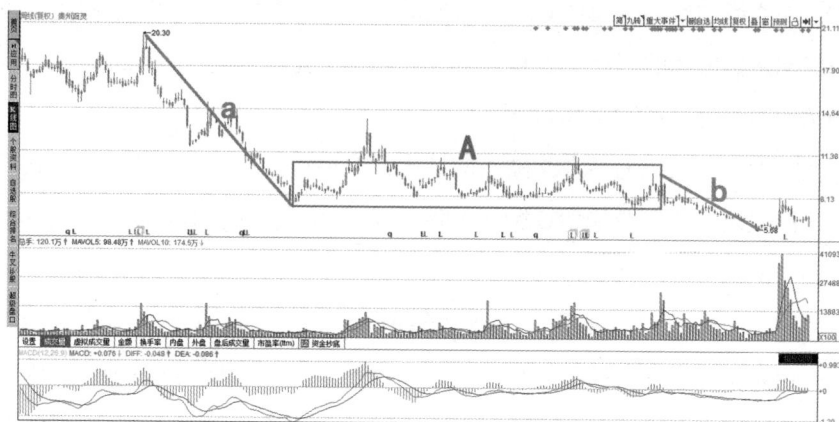

图 2-22　在周线级别形成盘整背驰

一是均线法，如图 2-23 所示。

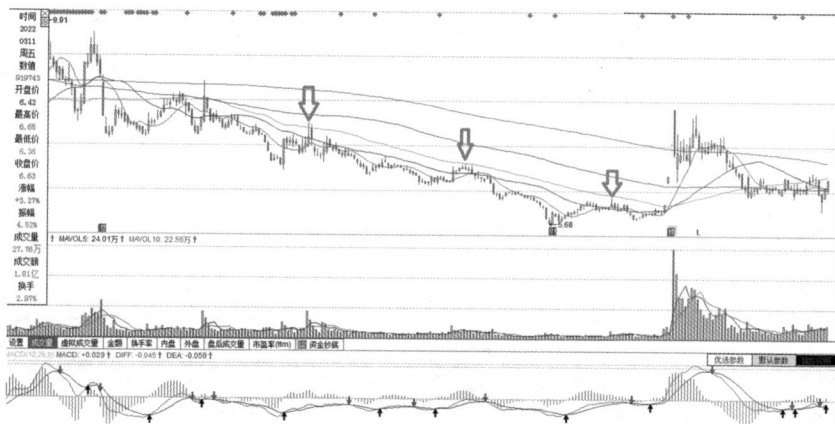

图 2-23　均线法

在介入时，可以根据走势的实际情况，选择一根贴近价格的、多次回测有效的均线。可以看出，价格多次反弹到 60 日均线继续下跌，说明对于这段走势而言，60 日均线是一条关键心理价位。当收盘价站上 60 日均线时介入，跌破 60 日均线时止损。即使发生几次止损，由于选择的是周线级别的机会，因此，最终的一次盈利大概率能够覆盖止损的损失。

股价收盘价站上 60 日均线后，由于公司利好的刺激，股价连续出现了四个涨停，最后一个涨停没有封住，出现了一根巨量中阴线，正好也在周线中枢下轨附近。这是短期见顶的信号，可以获利离场。

操作贵州百灵股票有个缺点：实行 T+1 交易制度，而且会发生涨停、跌停，导致触发止损无法卖出的情况。因此，建议新手以操作 ETF 基金为主，这样极少发生涨停无法买入的情况。

贵州百灵也可以用趋势线法介入，如图 2-24 所示。根据价格走势连接价格高点，接触的高点越多的趋势线越有效。突破趋势线时介入，不跌破就拿住，跌破了就严格止损。

图 2-24　趋势线法

趋势线的具体画法，读者可以自行查找。不同的人画法略有不同，比如，有的人坚持用收盘价画趋势线，有的人在趋势线上加一个 3% 幅度的过滤。我认为趋势线连接的点越多越有效，其他方面不用有太多讲究。因为趋势线只是一个介入参考，盈利的关键是未来要能够发生一大段涨幅，而不是趋势的画法。图 2-24 中我画的趋势线，连接了多个下降趋势中的高点，是一条有效的趋势线，一旦突破就可以买入。如果买入后又跌破了该趋势线，只要止损就可以了。由于我们捕捉的是周线级别的一段上涨，因此，即使发生多次止损，最终捕捉到的一段周线盈利后，一般可以覆盖前期止损的损失。

根据缠论的一些知识，股票出现周线、月线级别的背离之后，股价回到中枢下轨是高概率的事情。因此，在贵州百灵跌破周线中枢后，可以等待一个日线级别的背离，然后分批介入，如图 2-25 所示。

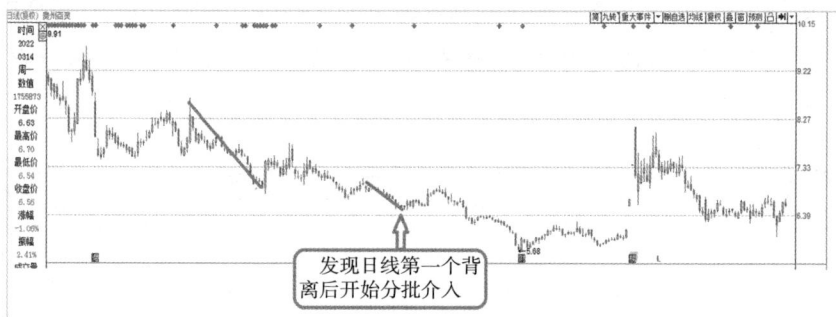

发现日线第一个背离后开始分批介入

图 2-25　网格法

分批介入的原因是很难精准抄底，谁也不能保证每次都买在最低点。如果买入后股价继续下跌，就会非常被动。不过，当周线、日线分别出现背离时，下降空间非常有限，可以把资金分成 5 份，用网格法，行情每跌 10% 加 1 份。行情每涨 10% 减掉 1 份，这样成本会不断降低，更加安全。

如果只加不减，将来涨起来后利润会更大，不过遇到极端的连续下跌行情风险也更大。盈亏同源，具体运用哪种方法，可以根据自己的资金实力和实际走势具体把握。

2.4.2　趋势背驰的用法

缠论中的趋势背驰是一个高胜率的操作方法，简单实用，如图 2-26 所示。但是，这个方法要学会严格按照缠论的笔—线段规则画图。如果画图不准确，则会导致对行情分析错误。

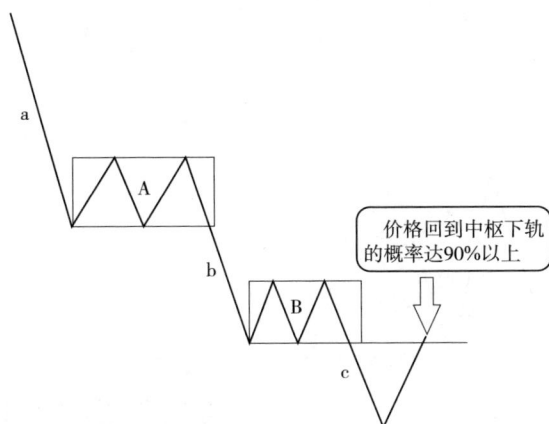

图 2-26　趋势背驰

　　我们看趋势背驰的走势形态，当出现两个中枢的背驰后，如果价格继续下跌，并出现 c 段和 b 段的背驰，那么价格反弹到 B 中枢下轨的概率非常高。由于我不会量化交易没有用数据统计过，但根据自己多年的经验来看应该超过90%，如果结合大盘走势对操作机会进行一些筛选，避开高位下跌和大级别三卖的股票，则成功率更高。如果遇到日线级别的双中枢背驰，我会十分珍惜，可以耐心等待。平时可以去 30 分钟图、15 分钟图、5 分钟图寻找机会，A 股有五千多只股票，操作机会非常多。如果 1 分钟级别的背驰正好打在一个明显的支撑位上，那么也可以做一次 1 分钟图的背驰机会。有时我介入一个中长线的机会，用较小的仓位在 1 分钟图发生趋势背驰时用小仓位做短差，不断降低成本。当天买入股票后，当天可以卖出以前的股票，相当于 T+0 交易，避免了当天买入不能卖出的难题，特别适合做短差。

　　价格回到 B 中枢下轨后，未来的走势不能确定，此时止盈，可以保持高胜率优势。偶尔遇到不能回到 B 中枢下轨时，一定要止损。有时不确定能不能回到中枢下轨，只要损失不大，也可以止损，寻找下一个更好的机会操作。高胜率的操作风格就像薄利多销，不能因为一个顾客不满意就影响盈利的速度。

　　为了提高背驰后上升的空间，可以选择那些宽幅震荡的股票，或者上涨趋势中，突然回调在重要的支撑位出现小级别背驰的股票，如图 2-27 所示。

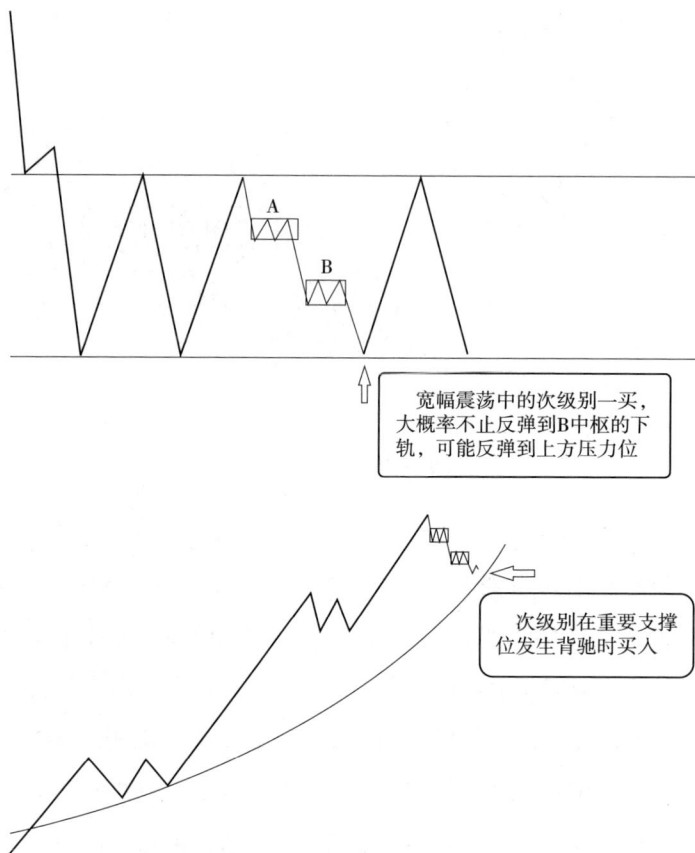

图 2-27　选择小级别背驰的股票

　　在操作时，可以把资金分成 3 份，每次使用 1 份。如 10 万元本金，每次投入 3.3 万元左右。这是为避免偶尔出现的连续失误导致资金回撤太大，而且股票偶尔会出现连续跌停或者停牌的风险，满仓会影响收益的增长速度。如果遇到极端不利的行情，可能连续止损七八次，如果满仓操作，本金损失会比较大。10 万元本金亏到 8 万元，8 万元回到 10 万元只需要盈利 25%，如果亏到 2 万元，想回本却需要盈利 500%，难度很大，需要花费的时间也很长。现实中，这种高胜率的方法，连续出现七八次止损的情况是非常少见的，但如果操作的时间足够久，发生的概率会越来越高，因此，它是个概率问题。比如，某个路段发生交通事故的概率是万分之一，如果我们从这个路段开车经过一万次，那么发生交通事故的概率接近百分之百。因此，我们始终应该把那些极端风险控制住。

同时，这个方法的弊端也是十分明显的。因为每次赚得不多，做完一个背驰的股票需要找另一个，经常去找图，相当于赚辛苦钱。我在做股票初期，没有学过其他的好方法，就是靠这个方法慢慢积累。后来看了《股票大作手回忆录》等书籍，慢慢体会到顺势操作的重要性：顺势做中长线是盈利的秘诀。现在，我只在平时翻股票时偶然遇到明显的背驰才会做一次。

运用"走势必完美"制定交易策略：

如果把价格的走势分为上涨、下跌、震荡下跌，那么，每种走势必然要完成，也就是要结束。由于走势有一种数学上的美感，因此，缠论称为"走势必完美"，它是市场必然的规律。有人觉得这是一句废话，事实上那些复杂的原理往往是以最简单的道理作为基础的，比如，"两点确定一条直线"，看似一句废话，却是解开很多复杂几何题的根本原理。在股票交易中，那些最有用的招式，常常隐藏在最简单的道理之中。很多优秀的交易员，都是靠这个原理制定交易策略的。

以下跌趋势为例，如果以趋势线作为判断趋势的标准，那么，一个下跌趋势结束后，就会转化为震荡或者上涨，如图 2-28 所示。

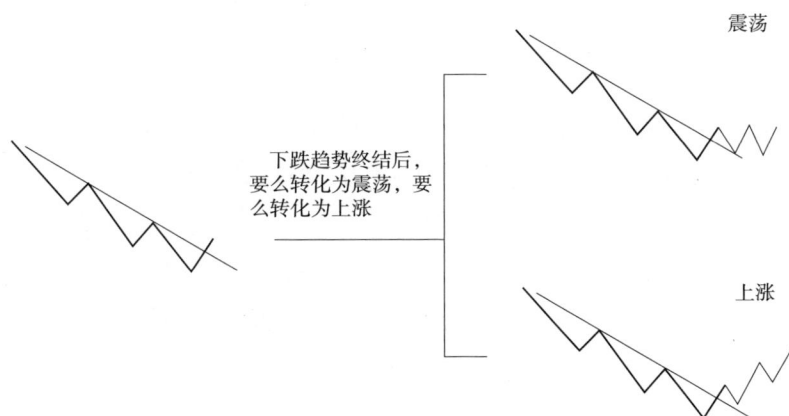

图 2-28　下跌趋势

如何制定策略呢？一个下跌走势结束后，必然变成震荡或者上涨。一个震荡走势结束后，必然转化为上涨或者下跌。也就说明上涨、下跌、震荡中任何一种情况结束，则必然转变成另外两种。因此，可以去寻找那些下跌趋势，一旦结束，就可以逢低做多，因为后面要么是震荡，要么是上涨，这两种情况都可以让我们获利，区别只在于获利的大小。这就是缠论中的第一类买点和第二类买点的原理。要么去寻找那个出现震荡的走势，一旦结束且向上运动，那么就可以逢低介入，这就是缠论第三类买点的原理，如图 2-29 所示。

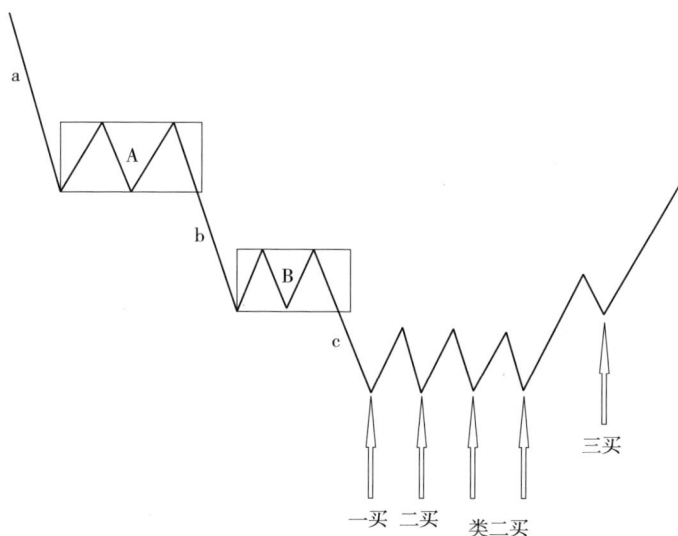

图 2-29　缠论第三类买点原理

然而，没有哪种判断方法是百分之百准确的，有时价格突破了趋势线，然后继续下跌。此时可以止损，或者按新的高点重新画出趋势线，如图 2-30 所示。

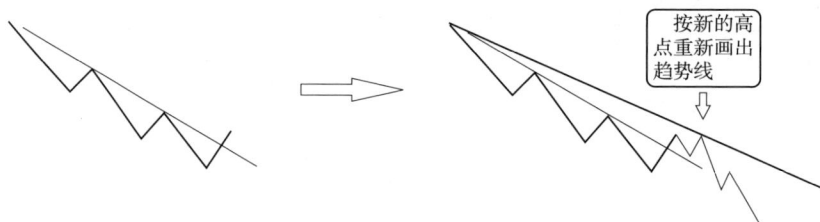

图 2-30　重新画出趋势线

因此，该策略的难点是如何判别一个走势是否终结？对于比较流畅、规律的走势，一根趋势线就足够了，判断的准确率非常高。对于不流畅、不规则的走势，新手可以回避，不参与操作，等水平提高之后再操作。现实中，流畅的走势相对容易操作，不规则的走势较难获利，这对任何人都是如此。

在运用该策略时，可以寻找较大周期的图表，如日线图、周线图。因为一个大周期的下跌终结后，其后的震荡或上涨的幅度比较大，有足够的盈利空间。如果在 15 分钟图表上找机会，可能只有一个很小级别的震荡或者上涨，操作空间小。

图 2-31 为宇通客车股价走势，股价从 2018 年初一直下跌到 2018 年底，下跌时间长，走势比较规律，可以准确地画出一条下降趋势线。我们在价格突破下降趋势线时，可以采取逢低做多的策略，股价最终从 10 元附近涨到 14 元以上，有 40% 以上的涨幅。如果我们选择下跌时间较短的走势，那么反弹幅度也往往较小，获利也会较少。

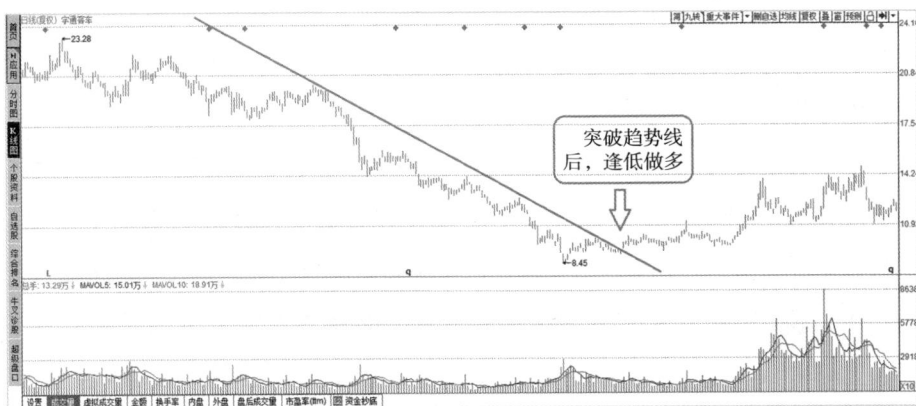

图 2-31　宇通客车股价走势

获利较大的周线、月线级别的机会，"盈亏比"会较大，这是非常重要的，将在第 4 章详细讲述。大的盈亏比，可以提高容错概率。太小的盈亏比，是不值得我们介入的，除非胜率特别高，并且做好了资金管理。

2.5　缠论在 ETF 基金上的应用

由于 ETF 基金不会像股票那样存在退市、停牌和连续跌停的风险，安全性和走势规律性大于股票，因此，初学者从 ETF 基金开始练习缠论的操作是十分明智的。而且，ETF 基金操作熟练后，对大势判断、板块轮动、行业周期等方面产生深刻的了解，对今后做股票、期货交易十分有利。

2.5.1　运用缠论预判大行情

通过简化缠论，可以比较容易判断出一些大行情。比如，下图中上证指数出现 a 段和 b 段两段月线级别的下跌。很明显，b 段与 a 段相比，在斜率上和高度上都是背驰的。指数月线和周线这样大级别的背驰，往往是大底。这时可以等待 b 段结束时买入。未来能涨多少，仅仅靠技术面是难以判断的，但可以预期一波较大的行情。因为月线一段下跌结束，后面会有一个月线级别的一段上涨，月线的一段在周线至少是三笔，我们至少可以吃到周线的一个"上下上"的涨幅。

在进场时，如果用趋势线，则沿着 b 段走势在日线级别画一根趋势线，突破时买入，如图 2-32 所示。如果用均线，就根据走势选择一根合适的均线，突破该均线时买入。如果均线没选好，可能会多止损几次，但最终会捕捉到一波至少周线级别的上涨，足以弥补前期止损的损失。

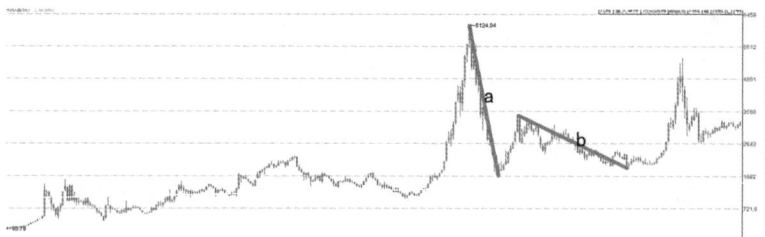

图 3-32　突破趋势线时买入

此时，用缠论的分析方法为：首先根据上证指数的走势，按月线画出线段（上图中省略了画笔的过程），再根据月线的段画出中枢，于是我们看到一个月线级别的 a+A+b 结构，如图 2-33 所示。其中 b 比 a 力度大，所以 0~1 未回到中枢 A 中。2~3 走完时可以发现它是一个完美的盘整走势类型，而且在 3 后没有创新低。2~3 对于 0~1 是一个盘整内的背驰，2~3 的力度没有 0~1 大，2~3 走完可以完美时，配合均线，大概率保证一个向上的牛市。

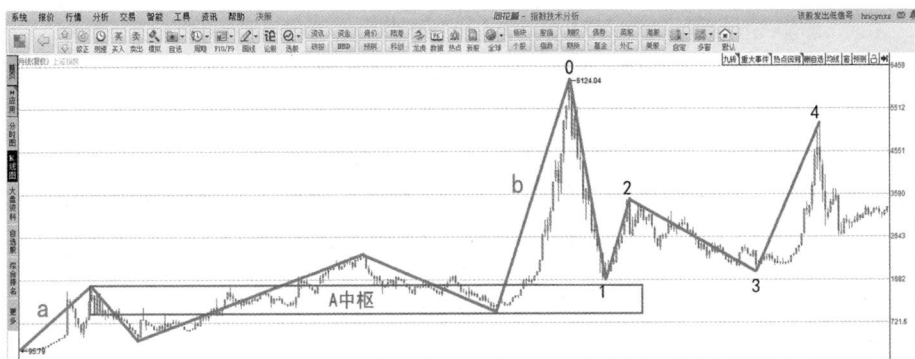

图 2-33　a+A+b 结构

缠中说禅曾讲过：月线周期下的盘整内背驰容易出现大行情。现在，在构建与下方 A 同级别中枢。从 a 到 4 这一个趋势可以是完成的。3~4 作为离开段 c 不一定创新高。

在 2~3 这一段终结后，大概率会有一个大行情，但能不能创新高突破前期的 6 124 高点，我们无法提前预判。按照缠论的思路，应该当下去预判。

从上面的分析可以发现，对于初学者，用我所讲的简单分析方法也是可以的。只是不如用缠论那么全面、精确。

在 2020 年 7 月初，很多媒体都在喊牛市来了。有人问我：牛市是否真的来了？我是这样回答的：从月线图上可以看出，a、b、c 段一次比一次弱，在 c 段结束后，未来是有可能发生一波月线级别的向上一笔的。后来确实出现了长达一年多的上涨，但上证指数的上涨幅度不如 2015 年那么大，如图 2-34 所示。

图 2-34　a、b、c段一次比一次弱

创业板的涨幅是较大的。从创业板的周线图中我们可以提前预判，如图 2-35 所示。b 段无论在高度和斜率上，都比 a 段要小，周线级别的背驰常常是大级别底部。自从 2019 年以后，创业板、中小板的走势是强于上证指数的，根据强中选强、优中选优的原则，要选择更强的创业板、中小板来操作。无论你选择上证指数 ETF，还是创业板 ETF、中小板 ETF，都能捕捉到一段较大的行情。

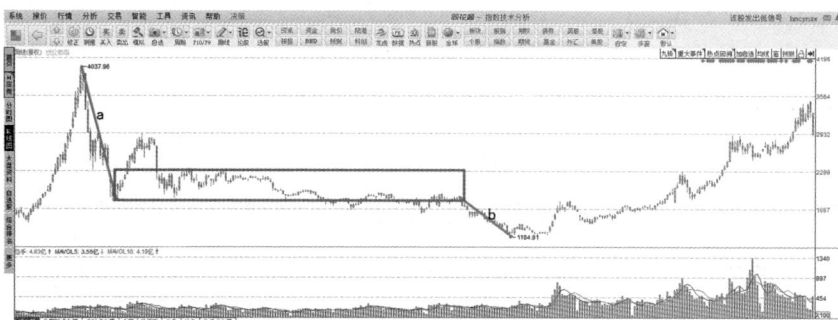

图 2-35　创业板的周线图

2.5.2　寻找更多的交易机会

月线级别的行情是很少出现的，我们需要等待很多年才能盈利一次。为了进一步提高资金利用率，可以把所有的 ETF 基金都列入自选板块，品种多了，可以操作的机会自然也就多了。

我的自选 ETF 基金有几十种。比如，代表大盘指数的基金有上证指数 ETF、创业板 ETF、科创 ETF、恒生指数 ETF 等，代表各个行业板块的有证券 ETF、国防 ETF、有色 ETF、食品饮料 ETF、医药 ETF、传媒 ETF 等，代表大宗商品的有大宗商品 ETF、黄金 ETF、国泰商品 ETF（跟踪原油指数）、豆粕 ETF 等。

这么多可以操作的品种，运用缠论的背驰和走势必完美的思路，可以寻找到更多的交易机会。

1. 在周线级别背驰时买入

对于大部分指数而言，出现周线级别的背驰时，常常会有一个较大的反弹，至少会有一个震荡。因为指数基金是一揽子的投资标的，其中的成分股不大可能一起只跌不涨。这也是我选择操作 ETF 的原因之一。与股票相比，因为 ETF 基金一般不会像股票一样退市（基金叫清盘）或者停牌，下跌幅度有一定的限度，运用背驰的安全性较高。

在 ETF 基金出现周线背驰时，可以用网格法逢低分批买入，平均成本会不断降低，当价格超过平均成本后，可以分批卖出，也可以达到自己的目标位后一次卖出，如图 2-36 所示。

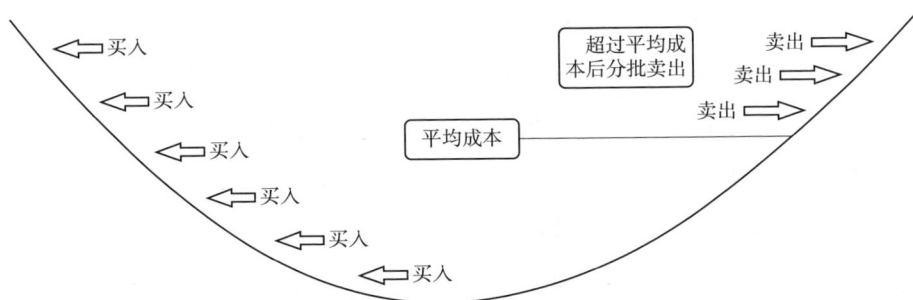

图 2-36　用网格法降低平均成本

网格法适合没有技术功底的新手。如果技术功底比较好，可以根据大盘走势，集合成交量和消息面，尽量买得更低，卖得更高。

2. 在长期下跌转折时买入

在长期下跌转折时买入是缠论"走势必完美"原理的运用，如图2-37所示，也是本书中经常用到的原理。在后面的章节中，可以运用这个原理做期货，做短差，做好合约换月。

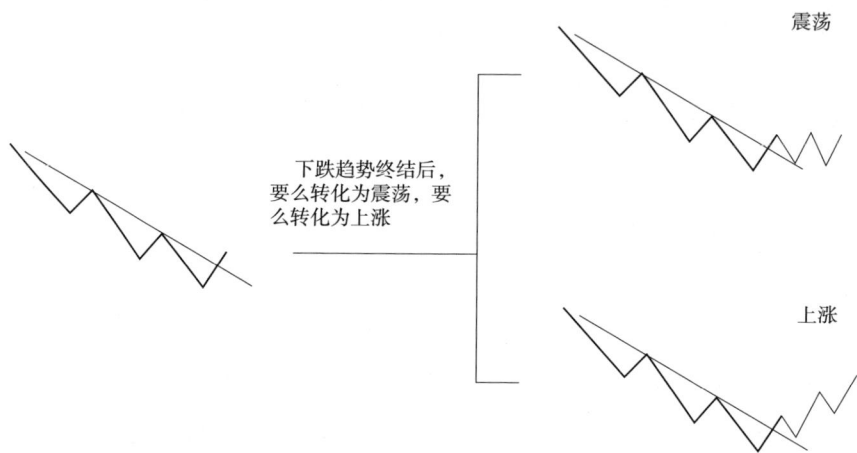

图2-37 "走势必完美"原理运用

前面讲述过：一个下跌趋势结束后，就会转化为震荡或者上涨。一个大级别的下跌结束后，往往会有一个稍大级别的震荡或者上涨，这就保证了会有足够的盈利空间。

难点在于判断下跌趋势的结束，如果判断不准确，可能买入后继续下跌。我一般运用趋势线作为判断下跌趋势结束的标准。当价格突破趋势线后，就开始逢低做多。一般而言，大部分股票型ETF基金不会像个别股票一样不断下跌，不会腰斩再腰斩，不会停牌，不会连续跌停。并且在一定时期市场上流通的股票数量是相对固定的，连续抛售之后做空动能会衰竭，市场中的主力会通过震荡或者反弹来重新收集筹码。这也是"走势必完美"的内在机理。为了安全起见，初学者可以寻找已经连续下跌3个月以上的股票型ETF基金操作，最好是大盘指数ETF，如上证指数ETF、创业板ETF、科创ETF、恒指指数ETF，下跌幅度往往是有限的。再配合市净率综合判断，安全性更高。

图 2-38 为上证指数存在的定投机会，三次定投机会出现时，正好也是上证指数低估时，结合市净率更有助于把握。

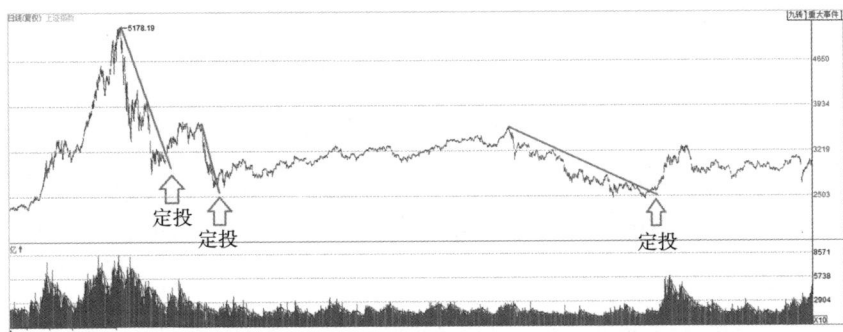

图 2-38　上证指数的定投机会

我们熟练之后，可以缩小操作周期，以获得更多的交易机会。

对于大盘指数 ETF，如果跌破了原先的趋势线，我一般不止损，因为根据大盘走势特性，可以做差价以不断降低成本，借助后面的反弹回本。而对于其他的 ETF，如行业板块 ETF、大宗商品 ETF 及自己不了解的 ETF，为了安全起见，在跌破前期震荡的低点时，最好先止损。然后重新画趋势线，等待再次突破趋势线时介入，如图 2-39 所示。

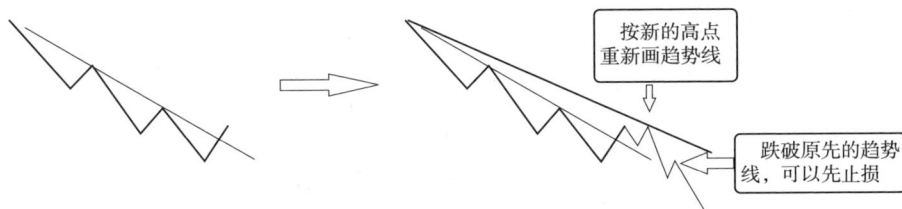

图 2-39　画趋势线

运用该方法操作 ETF 基金时，最好对它们的基本面有一些了解。如钢铁 ETF，属于强周期行业，其波动与钢铁产业的周期性波动相关性强。平时波澜不惊，但出现突发事件时走势比股票型 ETF 更流畅。如果结合钢铁产业情况、钢材价格走势等因素综合考虑，可以更好地把握定投的时机，这就需要在市场中不断磨炼提高了。

2.5.3　如何止盈

止盈是一个操作难点，需要注意的是：不要期望永远能够卖在最高点，这是谁也做不到的事情，只要大幅盈利即可。通常情况下，我会综合参考成交量、前期重要压力位、趋势线、均线等进行判断。股市价格是由成交量推动的。一般情况下，成交量与涨幅有一定的对应关系。如果上涨时成交量比较大，那么，预期未来的涨幅也比较大。我们可以持有到成交量发生背离时卖出。即价格创出新高，成交量没有创出新高时止盈。或者上涨到前期压力位时、跌破趋势线、均线时止盈。

图 2-40 为上证指数，上证指数 3 700 点是一个历史压力位，我们在买入上证指数 ETF 之后，可以把止盈目标位设在 3 700 点。同时，我们发现 a、b 两段上涨过程中，价格创出新高、成交量没有创出新高，发生了量价背离，此时也可以止盈。或者在上涨时画一根趋势线，或者参考一根均线，在跌破该趋势线、均线时止盈。如果止盈后，价格继续上涨了，也不要后悔，因为没有人可以精准逃顶。市场上机会很多，我们可以寻找新的机会介入。

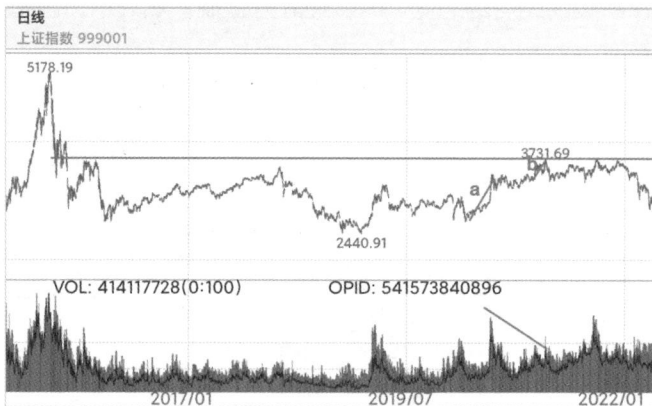

图 2-40　上证指数

第 3 章

股票篇
——获得你的第一桶金

3.1　重视图表分析

分析市场的方法大体上可分为两大类：基本分析和技术分析。哪类分析方法更有效？百年来两派人士争论不休。吉姆·罗杰斯说："我从来没有遇到一位富有的技术分析者；当然，这不包括那些依靠销售技术分析服务而赚钱的人。"而创造 10 年年平均回报率 25% 的著名交易员马提·史瓦兹却说："我曾通过基本分析的领域内打滚九年而仅能够勉强讨生活，直到我彻底放弃基本分析转而依靠技术分析之后才开始致富。"

我认为，这两种分析方法都是"术"的范畴，能不能用好这些"术"，关键在于自己的能力。要提高运用"术"的能力，最基本的要求是理解这两种分析方法的原理，明白这两种方法的优缺点，了解大众在使用后的实际效果，以便在我们运用时扬长避短，发挥出最佳效果。

下面是两大分析方法的对比：

基本分析比较科学理性，自诩为投资的"名门正派"，常常被高学历人群认可，公募基金招聘时，十分注重基本分析能力。技术分析相对简单，经常被民间股民使用。

市面上基本分析的书籍很少，技术分析的书籍很多。

基本分析的门槛比较高，且需要能够分析经济状况、政策导向并获得翔实的数据。技术分析门槛相对较低，只需分析价格、成交量等，内容与基本分析相比较少。

基本分析客观理性，各种理论都有数据支持，相当于西医。技术分析易学难精，需要有一定的天分，相当于中医，对个人的主观能力要求较高。

基本分析掌握后，很难迁移到其他的品种，比如一个人对铁矿石的基本面十分了解，若让他去操作玉米期货，则需要重新开始研究。而技术分析掌握之后，对于可供交易的品种全部适用，一通百通。

学习基本分析，刚开始水平可能比较低，但坚持研究一个品种几年甚至十几年后，应该对该品种会有深刻的了解，我们只要做好资金管理，是很有希望获得成功的。而技术分析如果学了3~5年还没有开窍，那么很可能是一些理念没有悟透，再学十几年还是无法盈利。有些散户看的技术书籍叠起来比自己都高，做的笔记有一麻袋，可是依然无法盈利。

我们再来观察一下人们使用两种分析方法的效果。

从美国百年的投资历史看，在市场相对平静时，基本分析者的业绩常常优于技术分析者。而在市场疯狂时，技术分析者的业绩常常优于基本分析者。在美国1970年的商品大多头行情中，由于市场疯狂上涨，只要随便选一条均线，或者指标金叉，甚至简单的突破买入，都可以抓到一波大行情。而市场疯狂时，基本分析反而产生错误的结论，明明价格已经高估了，却还在不断地上涨。那个年代也是技术分析大发展并广为传播的年代，各种各样的分析方法、技术指标被发明了出来。而在市场相对平静时，比如趋势不够强烈、价格横盘震荡时，均线处于纠结状态，趋势类指标会发出错误信号，假突破出现次数增多。此时，市场回归理性，价格恢复到其真正的内在价值，基本分析者得以大显身手。

我遇到的人，绝大部分是使用技术分析的，少数是二者结合的，极少数是专注于基本分析的。从使用效果看，两种分析方法成功率都不高，成功的都是少数人。通过技术分析逐步走向稳定盈利的人比只用基本分析的人多一些，但最终赚了大钱的还是依靠基本分析的人。

在基本面分析的架构内套上技术分析的技巧，这可能是一种更有效的方法；事实上，许多最顶尖的交易者都是结合这两种方法。

在投资实践中，我发现在极端矛盾的情况下通过基本分析常常可以预判出大行情，能够有效地判断出未来可能发生的大趋势，然后通过技术分析更有利于找到精确的买卖点位，辅助制定交易策略，制订资金管理计划。

但对于刚入门的小白，从技术面开始学习是十分必要的。因为通过技术面的学习，我们可以快速掌握一些盈利的方法，然后边盈利边学习，随着知识的增加，能力的增长，慢慢转化到与基本面相结合的境界。很多学习技术分析的人不能盈利，是因为没有领悟到一些道理，没有转化一些固化的思维方式。本书后面的内容就是潜移默化地解释其中的道理，一步一步转化思路。

1. 大量读图是技术分析的基本功

对于技术分析，最具参考意义的是价格走势，其次是成交量（期货中还可以参考持仓量，但参考意义逊于成交量），而技术指标几乎全都是根据价格和成交量制定出来的。所以，我们学习技术分析一定要多读图，多看 K 线图。读图是技术分析的基本功。一位看过 100 万根 K 线的人，与一位只看过几只股票走势的人，就算没有学过技术分析，他们的功力也是天壤之别。一个大量读图的人，他只需看裸 K，就知道均线在哪里，MACD 是什么形态，就知道哪种方法可行，哪种方法不靠谱。而没有大量读图的人，只能用自己的真金白银去实验自己的方法是否可行，前期都是在交学费，甚至是白扔。

古语有云："操千曲而后晓声，观千剑而后识器。"缠中说禅先生说："再说一次，一定要看走势图，那是世界上最昂贵的图画，最昂贵的艺术品，多看，就如同培养你的鉴赏力，为什么玩古董的藏家，很多人总是被假玩意骗，而有人就能专破假玩意，这就是鉴赏力的问题，但这是需要磨炼的。磨炼时，被骗几次，那是最正常的事情。"利弗莫尔强调，"你必须亲自做行情记录，而不能假手他人。在你做行情记录的时候，会不断冒出新方法，新点子"。

长期看 K 线图的人，一定会有这样的体会和共鸣：看了很多走势图后，自己可以创造出一些属于自己的方法，而且是符合你个性的方法。自己亲自探索发现的方法，使用起来是最顺手的，就像开自己的车一样。有些人学了别人的方法，自己用却不能盈利，就是因为基本功不扎实，对系统或策略没信心，在盘中被贪婪和恐惧干扰，影响了执行力。

2.读图方法

首先，简单、大量地看图，各种股票、各种商品、指数图、单个品种图、月线图、周线图、日线图、1 小时图，只要能找到的，你都可以看。

其次，当你学了一种技术分析方法之后，把这种方法代入图表中，看看这种方法在什么时候有效，什么时候无效，什么时候效果好，什么时候效果差。尤其是在看股票走势时，可以结合成交量，观察多空双方的博弈，假设你是其中一方，会感受到情绪的波动，像打仗一样惊心动魄。当你能看出主力的一些假动作时，将来在实际操作中可以逃过很多陷阱。对于期货，不但要看指数，还要看各个合约的走势，有时你能看出主力是怎样调仓的，是怎样打压远期合约以便自己建仓的，又是怎样拉升远期合约方便自己在近期合约出货的。

最后，你可以把 K 线图拉到最左边，再一根一根地往右边拉，假设正在用你的方法实盘操作，要把自己代入其中，体会那种价格的起起伏伏对自己内心的影响，看看自己能不能在亏损时严格止损，在多次亏损时还有没有信心开仓，在盈利时能不能不回撤拿住盈利单，最后统计盈亏金额，计算该方法的实际效果。有时我还让好朋友在纸上随意画一些走势图，然后我用纸挡住右边，慢慢从左边往右边拉，试验自己的操作方法是否能盈利。假如你的方法在这种情况下仍能盈利，说明你的操作方法稳定性相当高，适应性很强。

在我做交易的前五年，每天看半个小时的 K 线图已经是我的习惯了。想做好投资的人，最好养成每天看图的习惯，哪怕每天只看 10 分钟。长期坚持后，遇到好的机会你会不自觉地想操作，遇到危机时心里会有不舒服的感觉提醒你清仓。这是长期看盘对潜意识的影响从而形成盘感。现在有一些专门的软件可以模拟实际操作，如文华财经、盘立方、心忆复盘等，具备编程能力的人还可以程序化回测自己的方法，得到的结果更全面、更直观。有的人认为，通过模拟盘操作是无法提高实盘能力的。是的，我承认模拟盘操作与投入真金白银的实盘操作是有很大差距的，但通过模拟盘可以提前熟悉自己的方法，避免很多"坑"，就像你去鬼屋之前先打开灯、去掉道具走几遍，真进去时就不会那么害怕了。

3.2 广受赞誉的《股票大作手回忆录》

你想成功就要向成功者学习，失败者只能教你失败的教训。做交易更是如此，大部分失败者，他们的思路与正确的思路是相悖的，一定要远离"亏货"，更不要加入"亏货"的交流群，他们的错误思想会不断地引诱你偏离正道，一再犯错。如果有一本书，是一位成功者所写的，而且被后世的众多成功者一再推荐，那么这本书就值得反复品读。记录杰西·利弗莫尔投资传奇的《股票大作手回忆录》一书，被斯坦利·克罗等成功者推崇。

失败者的思路会引诱你偏离正道，其实，市面上大部分书籍也是偏离正道的，看看他们的资金盈亏曲线就知道了。他们读了太多的技术分析书籍，却依然不能盈利。

读《股票大作手回忆录》的方法：先读这一本，一节一节地反复品读，没有完全读通第一节之前，不要读第二节，就这样坚持读下去，直到全书读完为止。

这种读书方式是非常必要的。一方面，很多人做交易久了之后，有很多的自以为正确的固有观念，这些观念是非常有害的，很难根除的。反复专注地读一本包含正确理念的交易书籍，相当于一种精神洗礼，洗尽铅华，方见真境；另一方面，作为一名专职做了一辈子投资的过来人的书，一般人第一遍读只能理解其中的字面意思，有些道理需要多年的实践后才能领悟，有些深刻的道理可能一辈子也无法领悟。因此，肯尼斯 L. 费雪说："虽然自己已经读了很多遍，但过了 20 年之后《股票大作手回忆录》仍然是我最喜欢的书之一。"

我从小熟读中国传统经典（如《老子》《庄子》等），刚开始读时甚至连字面意思也不懂，但读过几百遍、几千遍之后，结合慢慢成长的经历，发现这些书才是终生受用的书籍。《股票大作手回忆录》也是如此。如果你有志于通过投资逐步实现财务自由，那么这本书你一定不要错过。

在网上，我们可以看到有些人讨论《股票大作手回忆录》到底好在哪里，评论区的回答千差万别，很多人把这本书奉为经典之作，也有人认为这只不过是骗人的小说。在我看来，这本书包含着深刻的投资智慧，尤其是利弗莫尔强调的"稳坐不动"这四个字，是绝大部分人都没能领悟的秘诀。对于投资而言，这四个字再怎么强调也不为过。

3.3　板块轮动规律

常常有人给我发一个代码，问我这只股票好不好，他们以为好股票是不断上涨的，垃圾股应该是不断下跌的。实际上我们发现，有时候白马股是集体下跌的，而 ST 股却轮番涨停。比如，在 2021 年初，指数上涨幅度虽然不大，但有 118 只 ST 股出现集体上涨，其中 ST 众泰年内涨幅超过 200%。到了 2022 年，跌幅较大的反而是人们追捧的各种"核心资产"。

下面是 2022 年初各个绩优股表现（2022 年 3 月 8 日收盘后的统计）：

阳光能源 12 个交易日下跌 48%。

通威股份 12 个交易日下跌 33%。

通策医疗 12 个交易日下跌 49%。

隆基股份 12 个交易日下跌 30%。

万华化学 12 个交易日下跌 20%。

泸州老窖 12 个交易日下跌 42%。

贵州茅台 12 个交易日下跌 27%。

东方财富 25 个交易日下跌 30%。

亿纬锂能 25 个交易日下跌 40%。

金龙鱼 35 个交易日下跌 49%。

长期来看，虽然好公司的股票涨幅较大，但好股票被炒作后过于高估，资金为了安全，会逐步从这些高估的股票撤离，去寻找那些低估的股票，或者未来有更大发展潜力的股票。劣质公司的股票虽然长期涨势不佳，但也不是一文不值，在严重被低估时，也会受到资金的青睐，获得一次腾飞。这就形成了股票之间的轮动现象。对于以技术分析为主的交易员而言，把握股票的轮动规律，就是把握市场的大势所趋，是做好股票的关键一步。

首先，对指数、板块、个股进行简单的分类。

如果大盘指数有力上涨，成交量配合良好，说明众多的板块都在不同程度的上涨，此时选股操作获利的成功率更大。但这样的机会比较少，可遇不可求。

如果人盘指数处于横盘震荡的状态，那么板块表现为此起彼伏的轮动，此时可以选择处于上升趋势的强势板块，或者大级别发生背离，有资金介入迹象，还没有上涨的板块进行操作。

如果大盘指数在猛烈的下跌，此时大多数板块也是在不同程度的下跌，个股也是跌多涨少，此时操作个股很容易止损，大家不操作为宜。但出现周线甚至月线级别背驰时，就会出现一次大赚的机会。

然后分别对下面三种情况中板块的表现进行分析。

3.3.1　第一种情况中板块的表现

道氏理论认为，在真正的大牛市中，各个指数都走牛。如果多个指数并不是都走牛，那么，只是小牛市或者结构性牛市。比如，在2014—2015年的大牛市中，上证指数、深证成指、创业板、中小板等都开启了一轮大牛市。这种牛市的特征是十分明显的——在走势形态上，出现高点和低点越来越高的形态；成交量比以往明显放大；在个股上涨的比例上，上涨的股票占大多数，只有少数股票处于震荡状态，极少数处于下跌状态；在基金发行上，不断有基金发出，几乎所有股票型基金都是大幅度盈利；从开户数量看，开户数量在牛市启动时不断增加；在赚钱效应方面，那些不懂股票的新人也可以赚钱；在市场氛围上，散户的情绪越来越火爆。

牛市是相对容易识别的。虽然第一波我们可能错过，但是当我们发现所有的指数都在上涨，而且成交量比以往有所放大，价格上涨时成交量红柱较长，价格回调时成交量绿柱较短，且红柱数量多于绿柱（红肥绿瘦）时，我们可以预判牛市来了。等待走势放缓，价格出现调整，我们耐心等待即可，如果后续放量突破前期的调整区间，成交量放得比前期还要大，基本上可以断定牛市第二波来临。此时只要逢低买入股票拿住即可，一直拿到牛市终结。

关于牛市终结的判断方法，我们可以画一根上涨趋势线，或者找一根走势贴近的均线，一旦跌破就卖出。后续如果发现牛市没有终结，那么市场会调整一段时间，我们可以等待突破整理区间时买入。牛市的 K 线走势规律性强，只要冷静观察，是可以把握的。

图 3-1 为 2014—2015 年上证指数大牛市的 K 线图。在 A 处，由于成交量较以前有所放大，而且创业板已经提前有一波明显上涨了，牛市的排头兵证券板块也提前开始表现。此时就要预判牛市可能来临。第一波上涨时，比较难以确认牛市是否已经来临，上涨后价格没有跌下来，而是做横盘整理，此时只要向上突破并且成交量比之前一波要大（成交量堆 B 比成交量堆 A 大），那么大概率牛市要来了。在 2.5 "缠论在 ETF 基金上的应用"中，也介绍了一种预判牛市的方法，可供大家参考。

图 3-1　2014—2015 年上证指数大牛市的 K 线图

图 3-2 为 2014—2015 年牛市的日线图。可以明显看出,牛市成交量的特征:在上涨时成交量放大,调整时成交量缩小。第二波上涨时成交量更大,调整时继续缩小。第三波上涨时,依旧如此。在图中的上涨 1、2、3 处,大部分板块都在上涨。在调整 1 和调整 2 处,大部分板块是震荡的,也有一些板块和个股是在轮番上涨的。

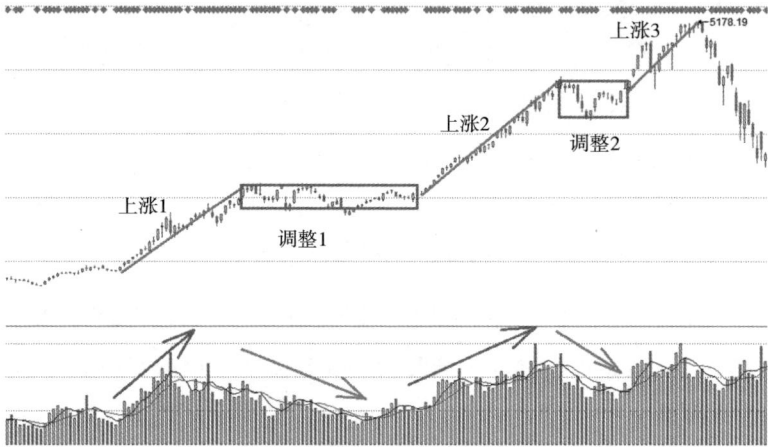

图 3-2　2014—2015 年牛市的日线图

在牛市中,大部分板块和股票的形态是类似图 3-3 中的形态:涨一波,调整一下,然后继续涨。

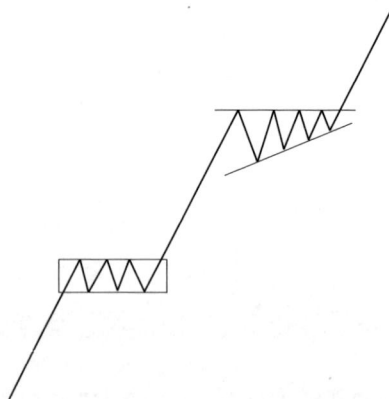

图 3-3　大部分板块和股票的形态

牛市上涨中途的调整阶段，经常出现一些经典的整理形态，如矩形整理或者收敛三角形整理，并配合着成交量的逐步缩小。只要在整理形态中逢低买入，或者突破整理形态时买入，获利的概率非常大。

3.3.2　第二种情况中的板块表现

大部分情况下，各大指数的走势是不同步的，只能产生局部的上涨。此时，我们要认真寻找可能走出一波上涨行情的板块。在各大指数的走势也有一定的轮动效应，比如在创业板指数上涨时，上证指数正在调整或微涨，需要重点关注创业板的板块。上证 50 在上涨时，创业板正在下跌，此时要关注一些权重大盘股的板块。

寻找有上涨潜力的板块，主要可以参考形态和成交量、强势股和题材等方面，下面分别进行介绍。

1. 形态和成交量

未来的强势板块，一般在成交量上会有所体现。

图 3-4 为煤炭开采加工板块周线图，经过 5 年的下跌之后，价格走势突破了下跌趋势线。均线纠缠后开始向上发散。并且前期的成交量出现上涨放量，回调缩量的情况，是资金介入的标志。如果关注期货市场，会发现焦煤、动力煤等相关品种，也是在相同的时段开启大涨行情。这些大宗商品原材料价格大涨，那么相关企业的利润也会大增，促进煤炭开采加工板块的上涨。

这个案例非常具有代表性，有时我们既可以根据股票走势确认大宗商品期货中的行情，也可以通过期货行情增强对股市判断的信心。

图 3-5 为水利板块周线图，此时，该板块走势的下跌趋势已经终结，而且强于大盘走势。成交量展现出上涨放量下跌缩量的情况，而且整体上逐步放大，是资金介入的标志。2022 年国家有确保 GDP 增速 5.5% 的目标，国家出台的各项稳定经济政策逐步落地，相信属于大基金的水利板块会有所表现。

图 3-4　煤炭开采加工板块周线图

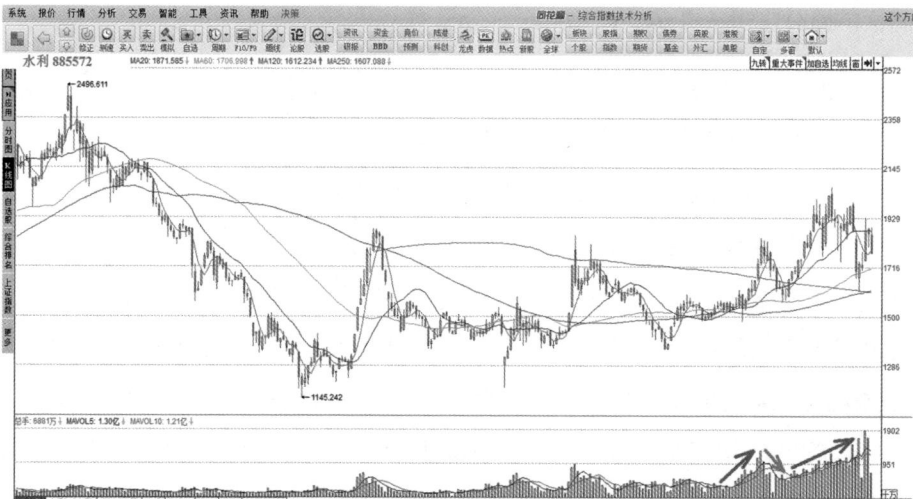

图 3-5　水利板块周线图

2. 强势股和题材

强势股常常代表未来的预期，体现资金的动向。如果强势股都集中在某个板块，并且与某个题材相关性强，那么该板块、题材很可能是未来的领涨板块、强势板块。很多老手，每天都会把龙虎榜、资金净流入的个股和当日涨停股看一遍。如果发现这些股票有一定的共性，比如都属于某个板块的或是与某个题材相关的，他就会把该板块的 K 线图仔细查看，分析成交量有没有资金介入的迹象，通过查阅财经资讯看看有没有什么利好、有没有政策支持。

如果涨停股、强势股、龙虎榜股和热门题材股等大部分都集中在某个板块，而且该板块是一个止跌后蓄势待发成交量有异动的板块，那么后期该板块爆发出一段行情的概率很大，值得重点关注。

3.3.3　第三种情况中的板块表现

第三种情况中的板块表现是所有指数都在下跌的情况，此时股市的杀伤力很大，如果我们不幸遇到，要及时止损，退出市场观望。这时不管是新手还是老手，赚钱都是很难的事情。就像寒冬来临，有些松鼠储备了坚果，龟蛇躲在泥巴里冬眠。此时适宜避险，不适合出来活动，躲起来保存实力是明智的选择。幸好，在连续大跌之后常常有较大的反弹，对投资者而言是一个很好的获利机会。

当指数周线或者月线出现底背离时，或者突破下降趋势线时，可以观察那些先于大盘止跌的板块，强于大盘的板块，成交量有异动的板块。

图 3-6 为上证指数和证券板块在 2018 年 1 月至 2019 年 5 月的 K 线图对比。经过了 2018 年整年的下跌，可见证券板块先于上证指数终结下降趋势，即突破下降趋势线且不再创新低，此时应该重点关注，在证券板块中寻找形态最佳的个股。在证券板块出现放量时，进一步确认了上述判断。这是根据先于大盘止跌的方法寻找强势板块的例子。

从大盘到板块、最后到个股，是从宏观到微观的分析方法，可以极大提高我们选股的成功率。因为寻找强势板块，就像钓鱼要去鱼多的池塘一样，不但成功率高，而且安全性高，即使被套了，后面也会出现较大的反弹以便解套。如果去一个成交量低迷、死气沉沉，并不活跃的板块选股，就好像去一个鱼很少的池塘钓鱼一样，忙活一天可能一条鱼也钓不到，而且可能越套越深。

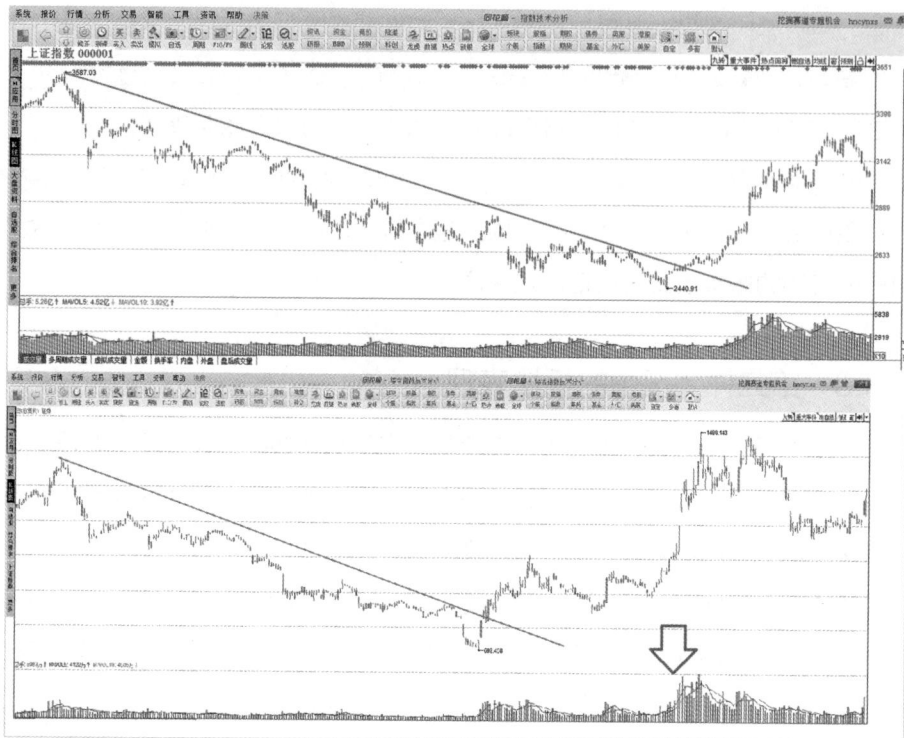

图 3-6 上证指数和证券板块在 2018 年 1 月至 2019 年 5 月的 K 线图对比

成交量的用法举例

成交量是炒股的一项重要参考指标。由于 A 股是 T+1 交易制度，一旦有大资金持续买入，就必须在后面的交易日拉高价格，才能全身而退。尤其是在周线、月线级别的低位有大资金持续流入，那么后续展开行情的概率很大。看成交量有很多方法，展开讲有很多细节，大家可以自行学习。下面我给大家只介绍一种成功率较高的用法。

当成交量放大时，说明筹码有剧烈的交换。如果在价格低位，比如月线、周线背驰的位置，出现放量，我们要问自己是谁在买，谁在卖？低位连续性的持续放大量，不大可能是散户行为引起的，因为散户常常在上涨时才会蜂拥买入，在下跌时忍不住割肉。因此，大资金介入的可能性比较大。

当然，没有哪种方法是百分之百能准确预测行情的，低位放大量也有其他的可能性，比如大股东之间交换筹码，将来不一定上涨。因此，在进场之前一定要明确一个止损位，跌破止损位要严格止损。

同时，资金净流入是一个重要的参考指标，它统计的是大资金的动向。当指标显示大资金买入时，并不表示未来一定能涨，但大资金是一种标志，我们可以思考为什么大资金要在这个位置买入？经过大量复盘，我们发现，在高位、压力位出现大资金净流入，很可能是主力拉高出货。在低位、支撑位出现大资金净流入，是主力介入的可能性比较大。

我们把上述要点分三条梳理如下：

一是月线、周线级别出现背驰，价格跌到低位。如果基本面也显示低估状态则更佳。图 3-7 为上海电力的行情走势，周线下跌的力度一次比一次弱，出现背驰，估值处于低位，可以重点关注，等待成交量的异动。

图 3-7　上海电力的行情走势

二是出现上涨放量、下跌缩量的情况，二者的差值越大，说明筹码锁定越好，未来上涨潜力越大。

图 3-8 为上海电力日线图中成交量第一次明显放大时，可以看到上涨 K 线成交量放大，回调时成交量缩小的情况。红柱和绿柱的高度差别越大，筹码锁定越好。

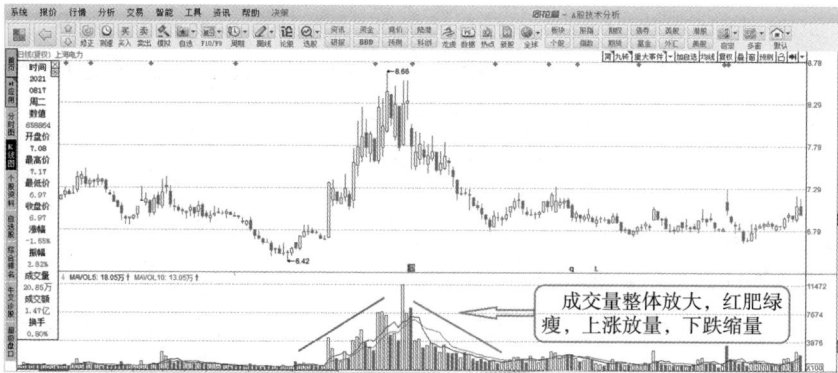

图 3-8　上海电力日线图中成交量第一次明显放大时

成交量放大时要有温和持续性，如图 3-9 所示。如果是突然巨量（缺乏持续性）且拉升到压力位附近，则可能是资金拉高出逃。

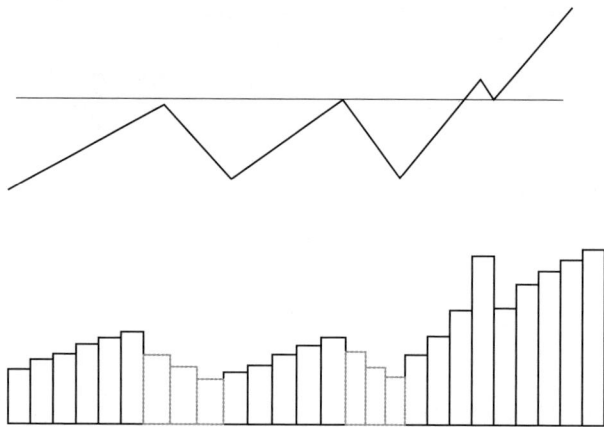

图 3-9　成交量放大时要有温和持续性

图 3-10 为贵州百灵日线图，A 处经过了一段时间的放量，具有一定的迷惑性，但缺乏持续性，而且在高位放量太大，有资金拉高出逃的嫌疑，跌破前期低位支撑时，我们要止损离场。B 处很明显不是资金介入，原因很简单：一方面，放量持续时间很短；另一方面，正好反弹至前期压力位，且走出一个巨量十字星，后续如果不能以更大的成交量向上突破，则很难走出上涨行情。

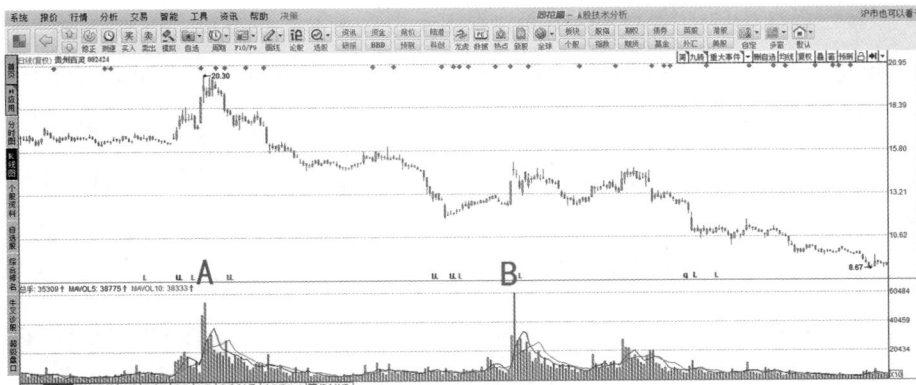

图 3-10　贵州百灵日线图

三是低位大单净流入。

大资金的动向是一个重要的参考指标。如果在低位、支撑位出现资金流入，则是一个未来看涨的信号，资金流入时对应的 K 线最好是小阳线、中阳线，换手率不能太大。如果是长阳线，那么有一定概率是主力用资金拉高出货。另外，在低位或者支撑位的其他一些异动，比如出现涨停、登上龙虎榜等，都是非常值得关注的重要信号。

我们把以上三个方面相结合，就可以得到一个成功率较高的买入机会。经过大量复盘会发现，很多牛股在拉升之前都会有类似表现。当某个板块要出现较大行情时，其中的多个股票都会出现上述情况，此时我们要优中选优，选择形态最好的、资金介入最明显的、上方没有套牢盘的、大单净量流入最多的那几只股票。

3.4　重视整体大势而不是个股涨跌

如果要问本书最重要的观点是什么？那就是重视整体大势，而不是个股涨跌。

重视大势的重要性，利弗莫尔在《股票大作手回忆录》书中强调：

我已经在华尔街摸爬滚打多年，赢过千百万美元，也亏过千百万美元，我要给你的忠告是：我之所以挣大钱，从来不是凭我的作为，而是始终凭我的无为。明白吗？凭我的耐心坚守。正确判断市场方向，其实没有什么奥妙可言。你总是发现很多人在牛市早期便已经看多，在熊市早期便已经看空。我认识许多人，他们都有能力精准把握时机并正确行动，当价格恰恰处在有潜力造就巨额利润之处时，便开始买进或卖出。然而，他们的经历总是和我同出一辙——他们都没有从中实现真正算数的利润。既能够正确判断，又能够耐心坚守，这样的人凤毛麟角。我发现，这属于最难学会的内容之一。但是，作为一名股票作手，只有牢牢掌握这一点之后，才能赚钱。对一名交易者来说，真正学会交易后赢得百万美元，比他在懵里懵懂的日子挣几百美元还容易。

这段话有多重要呢？

可能利弗莫尔认为这是自己投资生涯中最重要的秘诀。但我知道，大部分人并没有理解这段话的含义。我想，如果没有对交易的深层次思考，没有多年的交易经验，没有在短线和长线同时获得成功的经历，很难对这段话产生共鸣。

这段话有两个要点：一是一定要判别大势，借助大势，不要迷失在小级别的波动中；二是在大势中，要拿得住头寸。其中，第二点是非常难的。但是，一个交易员只有学会第二点之后，才会领悟交易的正道。

如果一个交易员走别的路子，不代表一定走不通，但一定比这条路难走。

著名的投资家斯坦利·克罗也十分重视这段话，并且把这段话写在卡片上，时时观看。每当我在交易中陷入困境无法摆脱时，只要仔细回味这句话，就能跳出思维的死循环。

我并不奢望用一节的内容把这段话解释清楚，但我可以把我对这段话的理解，从数学、历史等多个角度在本书中逐步解析。

如果一位股民经历过多次牛熊转换，他就会发现：在牛市疯狂上涨的过程中，即使是什么都不懂的大爷、大妈也可以赚很多钱，而在熊市惨烈下跌时，几乎所有的股票型基金都是亏损的。这就是大势的力量，操作一定要顺应这股大势，不能逆潮流而动。只要顺应大势，那么操作起来就会比较简单，而在大势下跌时，即使最优秀的基金经理，也难以取得好的操作业绩。

在上涨大势之中，为什么大部分散户都在赚钱，因为大部分技术指标、各种技术分析方法的效果都会大增。由于走势强烈不会出现长期的震荡，此时不管你用什么方法，哪怕是用一根水平线，突破做多，跌破止损，做对了死拿，这个简单策略最终也是可以大幅度盈利的。借助大势才是成功的关键。

利弗莫尔说："如果市场大势看涨，那么即便是一场世界大战，也不能阻止牛市行情；或者如果大势看跌，也不能阻止熊市行情。想盈利，判别大势便是你需要了解的一切！"

3.5　利弗莫尔的操盘术：大势、关键点、坐得住

《股票大作手回忆录》是经利弗莫尔口述，由记者埃德温·勒菲弗编辑整理而成。《股票大作手操盘术》是利弗莫尔经历大起大落后，晚年亲笔所写，我把其中的要点总结为以下三点。

3.5.1　大　势

利弗莫尔强调，不要沉迷于短线，大钱从来不是靠短线得来的。他主张观察多个相似类型的股票的走势图（相当于现在的指数和板块），判断市场的大势，只参与那些大势明显的行情，也就是 3.3 板块轮动规律中的第一种情况，即板块或指数同步上涨的行情。

这样的行情比较少，但是这种行情才是赚大钱的机会。我在前面提到的一些短线方法，执行起来会比较辛苦，而且难以赚到大钱。如果想在市场中较为轻松的获利，必须依靠大势。

大牛市很多年才能遇到一次，但某个板块的波段行情，每年都可以遇到几次。立志赚大钱的交易员，可以耐心等待这样的机会。其实成功的交易员，大部分时间是空仓的。

利弗莫尔最严重的一次破产经历中，负债百万美元，心里承受着巨大的压力，越做越亏。后来他靠着透支得到的仅仅 500 股的股票，奇迹般的翻身了，后面操作越来越娴熟，资金持续增长，达到上亿美元。我们仔细看他东山再起的经历，会发现他能够再次把一笔很小的资金做大，靠的不是做短线，而是大牛市来了。他是借助一场大牛市创造奇迹。在这场牛市来临之前，美国股市持续四年波澜不惊，没有一次像样的行情，利弗莫尔在这四年中始终没有赚到大钱。

3.5.2 关键点

利弗莫尔说过，我的操盘准则将价格与时间要素熔为一炉，这里的"时间要素"是指关键点。

自然界的动物，不管是青蛙、蛇还是虎、豹，捕食的动作都是在一瞬间完成的。股票也是如此，大利润出现之前，最佳的进场时机也是在一瞬间。因为在股票即将大涨时，常常波澜不惊的蓄势，而且时间较长，不坚定的筹码逐步被洗出，先知先觉的人都在等待导火索点燃的那一刻。一旦时机到来，游资蜂拥而入，技术派高手识别出进场信号后，也会进来抢筹，所以会出现一根标志性的较大成交量的中阳线或者长阳线。这根 K 线就是"关键点"。

为什么要在关键点介入呢？有操盘经验的交易员都经历过反复止损的痛苦。比如，你经过深入全面地分析之后，认为某只股票要涨，可是你买入后，股价反而下跌了，你担心自己的判断是错误的，于是止损卖出。等你卖出后股价又开始上涨，你可能会觉得卖错了而再次买入，但股价又开始下跌。反复经历几次后，你的多次止损让你再也不想参与该股票时，这只股票反而开启了一轮巨大的上涨……相信很多人都有过类似的经历。

耐心等待关键点，就是为避免发生类似的情况。当那种在关键位置资金蜂拥而入的 K 线出现后，要及时介入，一般把止损位放在这根 K 线的最低价，很难达到止损，后续一路持有即可。技术好的交易员还可以借助回调或突破的时机加仓。

　　这样的标志性 K 线，一般有两种情况：一是重要压力位的突破；二是均线纠缠后出现的放量中阳线，如果是涨停的阳线，由于抢筹的缘故，成交量不需要放大，成交量越小反而越好。

　　图 3-11 为格力电器的日线图，在方框中出现了明显的标志性 K 线。

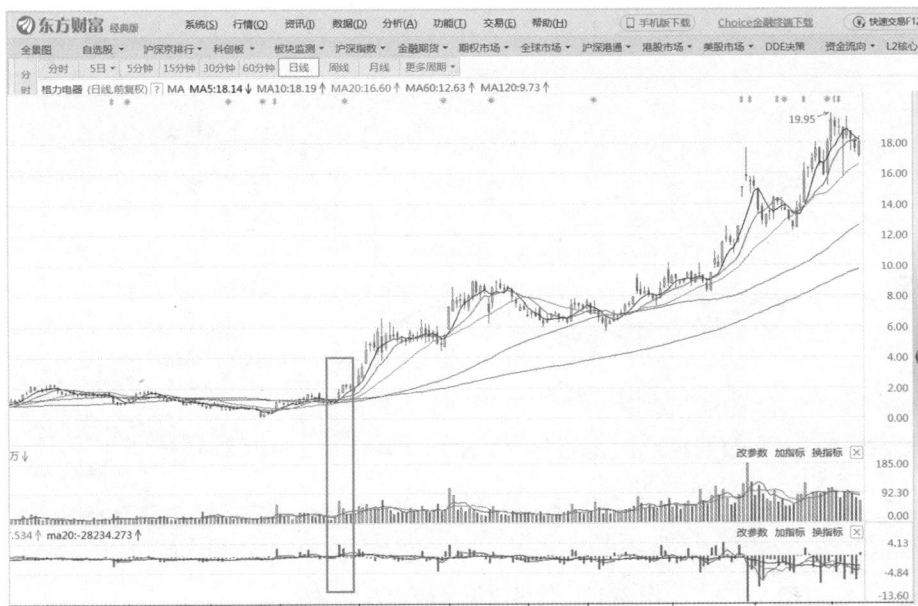

图 3-11　格力电器的日线图

　　如果你习惯运用均线操作，可以看到均线纠结后，突然放量向上突破，且大单净流入，如图 3-12 所示。眼疾手快的交易员会在第一根阳线介入，把止损位放在该阳线的最低价。如果没能在第一根阳线买入，格力电器还给了你第二次买入的机会：第二天依然是大单净流入的阳线，此时依然可以买入，不过一旦市场回调，你可能承担的止损比较大，因此，可以分批买入。如果突破均线纠缠的是一根长阳线，没能及时买入就不要追高了，可以等待市场回调时的机会买入。

　　比如，格力电器在两根放量阳线后缩量调整了两个交易日，上涨放量下跌缩量是主力资金介入的迹象，进一步确认了未来看涨的预期，所以，这两个交易日也可以买入。第三天出现一根 T 形 K 线，价格回踩均线后立马收回，这也是一个很好的介入信号，说明主力非常惜售。一旦有人卖出筹码，后续就有人抢进。因此，也可以在该 K 线中买入。

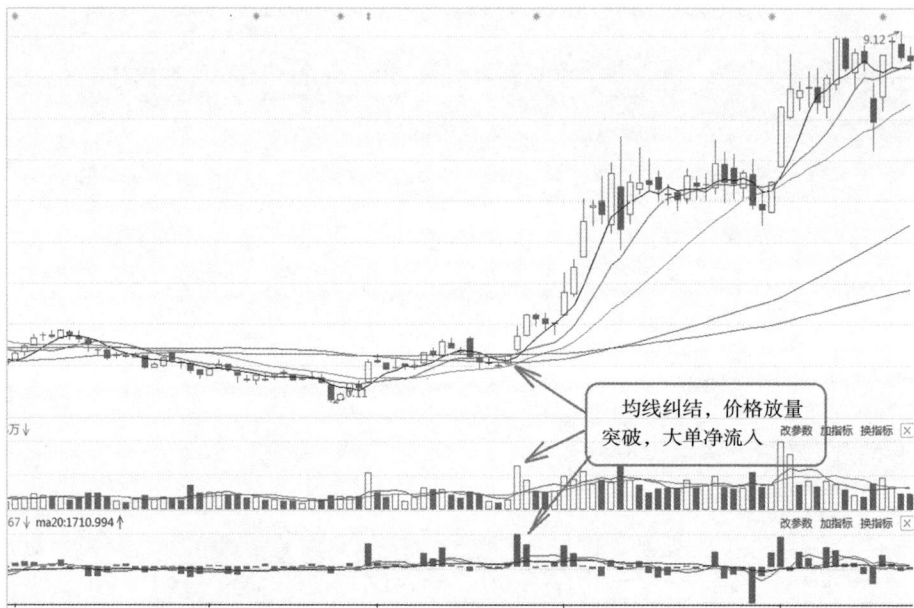

图 3-12　价格放量突破，大单净流入

如果习惯用趋势线做交易，也可以在放量突破趋势线时买入。在图 3-13中，不管是突破下降趋势线 A，还是突破重要水平支撑位 B，都是出现了成交量放大，大单净流入的标志性阳线，信号比较明显。

格力电器比较具有典型化，实践中并不是每只股票都有这么明确的信号。一般情况下，信号越明确，未来的涨势也越大。新手在看不出明显的信号时，可以先大量复盘。通过大量看走势图可以培养敏锐的观察力。就像一位工作多年的警察，在火车站嘈杂的人流中，只需通过眼神对视就能发现犯罪嫌疑人。

这里要注意的是，没有人可以百分之百准确地预测市场，一旦跌破了止损位，要严格止损，不可以坐视损失越来越大。

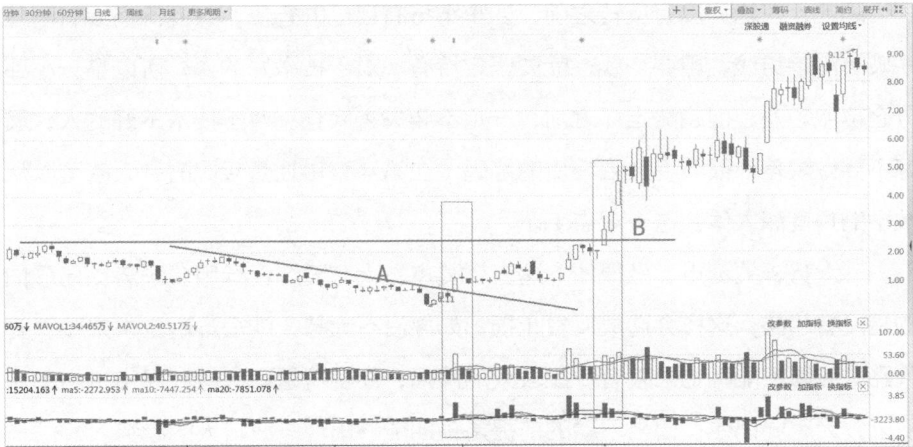

图 3-13　大单净流入的标志性阳线

3.5.3　坐 得 住

在关键点买入的筹码是非常珍贵的。就像在战场上，己方部队占领了战略高地，易守难攻。立于不败之地。利弗莫尔说过，失去头寸的代价是谁也承担不起的。股民常说的"千金难买牛回头"也是同样含义。我们经常看到相当多的人，本来在一个很好的位置买入，小幅获利后就卖出，等着市场回调时再买入，可是市场上涨太强烈，根本不给他再次上车的机会。看着浩浩荡荡上涨的大势，他只能望洋兴叹。所以，在大势中，坐得住是极为重要的。

"坐得住"这三个字看似简单，实战时却非常难。因为市场大部分情况下都是趋势不明显的震荡状态，让人以为做高抛低吸可以获利更多。然而，在强烈的趋势之中，市场的风格已经与以往有所不同。走势常常是在小幅调整之后继续上涨，根本不会理会那些等待二次上车的人。

在上涨趋势没有终结时，上涨的股票群体中，上涨的股票数量多于下跌的股票数量。当上涨的股票越来越少，下跌的股票越来越多，且领头的几只股票开始跌破上涨趋势线时，才是趋势可能反转的标志。此时，就要考虑止盈。

因此，在趋势没有反转之前，要牢牢持有自己的仓位。只要价格没有明显跌破上涨趋势线，重要均线，就要坚定持有。对于技术好的人，可以拿一小部分仓位做短差，但趋势走坏之前，一定不要失去底仓。对于技术不好的人，最好不要做短差，很容易失去宝贵的筹码（在第 4 章讲述盈亏比时，大家可以从数学的角度深入体会这一观点）。

"大势、关键点、坐得住"这三个要点，大家要结合运用。顺势交易最怕的是没有趋势，这样会造成反复止损。如果没有大势，就很难确定未来股票要大涨，如果不能确定未来有一段较大的涨幅，你坐得越稳，越容易坐过山车。所以，大家要记住：稳坐不动的前提是预期能够出现一波较大的趋势。

如何预判未来可能出现一波较大的趋势？本节介绍的大势是一种最有效的参考依据，也就是大部分股票群体性的向上突破关键位置时的情况，此时大部分板块和指数也往往是同步的强势状态。除此之外，希望读者可以学习更多的理论知识，参考基本分析的方法判断大势，可以发现更多的机会。

另外，利弗莫尔的操盘术中还介绍了金字塔加码的方法，可以更大地发挥操盘术的威力，获取更大的利润。由于利弗莫尔操作股票时是保证金交易，与期货交易更相似一些，因此，我会放在第 4 章中进行详细讲解。

此外，利弗莫尔还强调了一些操盘要点。比如，交易员一定要自己画走势图，形成自己的见解，当你画图画到一定量时，会思如泉涌，产生很多好的交易策略。这是你自己的思路，当你有了自己的策略，就要坚信它，不要怀疑，不要因为某个权威的意见动摇了你的执行力。画图是技术派的基本功。同时，大家不要听信一些小道消息，不要到处打听内幕，不要以为某个权威能告诉你市场的方向。

缠论第三类买卖点

前面的章节介绍了缠论的第一、二类买卖点，直到本章才开始介绍第三类买卖点。因为第三类买卖点要与指数、板块及股票的群体性运动结合起来，大家在趋势强烈时使用，成功率才会高一些。如果在趋势不明显的震荡行情中使用第三类买卖点，就会面临着价格回到中枢从而反复止损的情况。很多学缠论的人一门心思考虑怎样画图，却不知道结合大势，是他们无法运用缠论盈利的重要原因。

与缠师有所不同的是，利弗莫尔习惯于在关键点强势突破时介入，缠师习惯于在突破回调时介入。我在实战中，习惯于在标志性 K 线出现时介入，也就是利弗莫尔的方法。但有时因为自己没能尽早介入，错过了最佳的位置，也会等回调时介入，即按缠师的第三类买卖点介入。方法是死的，人是活的，运用之妙，存乎一心。

图 3-14 为利弗莫尔介入方法示意。

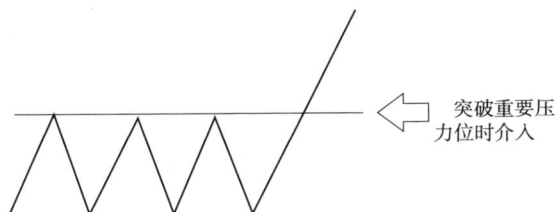

图 3-14　利弗莫尔介入方法示意

图 3-15 为缠师介入方法示意。

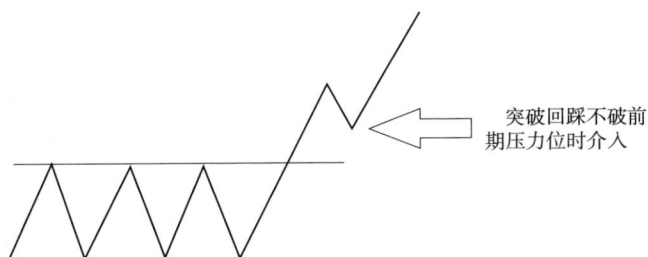

图 3-15　缠师介入方法示意

缠论的第一、第二类买点是在超跌时出现，是逆势操作，机会较多，赚得较少。第三类买点是在强势上涨时出现，是顺势操作，机会较少，赚得较多。一顺一逆，双剑合璧。可以囊括股市中大部分买入机会。新人在前期资本积累时，可以将三个买点一起抓，有趋势就做三买，没趋势就做大级别的一买、二买，等水平逐步提高后，再做小级别的一买、二买。慢慢地、随着本金的增长，你会对小机会逐渐失去兴趣，习惯于一年只抓两三次大趋势，交易生涯也会变得轻松惬意，这也是大部分成功交易员的生活。他们的账户大部分时间是空仓的，每天做着自己喜欢的事情或是游山玩水，或是读书练字，或是陪伴家人，只在可能爆发大行情时入场操作。

第 4 章

期货篇
——耐心等待改变命运的机会

4.1 普通人投资期货成功率有多大

我在介绍期货交易之前，有必要提示大家做期货的风险。因为期货不像学习数理化，学会了就能得高分。就常规的交易方法而言，做期货的成功率是非常低的。不过市场上也常有一些像弯腰捡钱那样简单的机会。如果你只做那些简单的机会，成功率会比较高。通过复利积累，将来也可以获得较大的财富。

4.1.1 期货交易的成功率

我们参加的各种考试，不管是高考还是职业资格考试，一般都会公布考试的通过率。然而，期货行业从来没有人公布盈利人所占的比例。更没有人公布过连续两年以上保持盈利的账户有多少。由于我没有期货账户的统计数据，只能通过能够查询到的资料进行推测。

天纵期才期货历届大赛轻量组中，一般25%~30%的选手是正收益，但大幅度盈利的只有不到2%，其他的只是微利，比如很多账户在参赛的9个月赛期赚了不到5%，比不上买某些保本理财产品。大赛盈利比率比现实盈利比率要高一些，因为水平太差的人一般不会参加比赛。因此，现实会比比赛数据更加残酷，赚钱的人肯定不到2%。重量组盈利的比例要高一些，但重量组的参赛者大部分是有经验的老手，不能代表普通的业余期货交易员。

郑州一位操盘手在讲座中谈到，经统计郑商所的数据，连续三年盈利的交易员占比仅为千分之三。这仅是郑商所的数据，不代表全国，或许上海期货交易所的整体水平要高一些。

投机岛某交易员统计了 10 个期货公司的数据，连续三年（每年）翻倍的用户没有一人。

期货前辈傅海棠先生曾提到帮他开户的期货公司经理时说："一个期货公司的经理，我认识他 13 年了，他说他从业以来，在他手里（营业部或部门）开户的客户累计有 7 000 多人，赚钱的人没几个，而一直在的，似乎只有我一个。可能他说这话有一定的夸张程度，也可能他只是想证明期货市场的残酷性。"

有些事，从一开始就注定了结果。当在岔路口时，如果你选错了路，很可能走上一条不归路。如果你选对了路，未来是一片坦途。因此，我建议大家，一开始为了不选错路，先选择最简单的路。如果后面确实有余力，并且做好了亏损三年以上的心理准备，可以多学一些交易方法。

4.1.2　做期货要获得成功，至少需要三年的磨炼

我接触到的期货交易员非常多，短期赚钱的人可能占 10%~20%，但拉长到 3 年以上来看，能够保持正收益的人微乎其微。一个人如果选择走期货这条路，按市面上常见的方法操作，高概率是走上了一条赔钱、赔时间、赔精力的痛苦之路。我和一位交易员的朋友都有这样的经历：要形成一套属于自己的系统需要 3~5 年，而且前三年是亏钱的，后面能不能赚钱还要看自己的悟性和执行力（也就是自制力和坚定的意志力），如果执行力不好，就算有了自己的系统还是要亏钱的。

我最近看到美国的一项数据，原文翻译后如下：

据美国期货管理机构统计，一位成功的交易者，一般需要 5 年时间和 5 万美元的学费（折合人民币 30 万元以上），同时，即便你付出了时间和金钱，成功的概率也小于 1%。

这项数据与我遇到的情况差不多。因此，我提出如果决定做期货，就要做好亏损三年的心理准备。

做交易一定要知道，并不是别人告诉你方法你就能赚钱。理查德·丹尼斯说过，即使把我的方法登在报纸上广而告之，能赚钱的人也是极少数。因为交易是反人性的，要把自己的思维方式转变过来，必然需要有一段刻骨铭心的经历，甚至是地狱般的经历（极少数天赋极好的人除外）。我见过有些交易员跟着师父手把手学，最终还是没能学会。我常说：交易的秘诀都是公开的，投机像山岳一样古老，几百年来并没有什么太大的变化，你挖空心思想出来的新思路、新方法，必然是前有古人后有来者。你能不能学会，跟你个人的性格、思维方式、勤奋程度有关，与师父关系不大。就算师父把自己的方法手把手教给你，如果你的思维方式与师父不同，执行会非常吃力，最终也是无法盈利的。由于每个人的人生观、价值观都不是完全相同的，因此，交易风格也是多种多样的。这些不同的交易风格反映了不同交易员的思维方式。

4.2 期货市场那些弯腰捡钱的机会

做期货一个好处：商品价格是有底的，通常情况下，不会长期在成本价以下。而股票是按比例下跌的，市场恐慌或公司基本面变差时抄底很危险。比如100元的股票不仅可以跌 50% 变成 50 元，还可以再跌 50% 变成 25 元，后面还可以跌很多个 50%，理论上可以跌无数个 50%。

有人说原油期货曾经跌破 0 元，跌到负价格，也没有底。其实原油跌成负价格，是因为合约即将换月，而某行还有巨额仓单没有足够的对手盘出不来，才出现的特殊情况。如果你选择的是远期合约，并且成交量不要太小，此时，该合约中肯定有大企业的套保资金在里面，想要跌破 0 元几乎不可能，不然几乎所有的参与者都要爆仓，这种情况监管部门不会坐视不管。而且即便跌破0 元，我们只要设好止损，也可以避免这种极端情况。

我常常和朋友提到一个思路，投资要找那些下限有限、上限无限的机会，要么不赚或小亏，要么大赚。一位投资界的前辈曾多次说："我们首先考虑的是风险，只做那些弯腰捡钱的机会。"我做交易越久，对这句话的体会越深。多年以来，遇到过短期暴利的交易员大有人在，最终留得住财的人不多，其实做大之后，我们可以找一些非常稳当的机会来做，这些就是期货高手所说的弯腰捡钱的机会。稳当的机会虽然不如短线机会多，而且特别耗时间，可能需要等很久才能见到收益，但稳定性特别强，适合大资金和上班族，以及期货小白。

怎样发现弯腰捡钱的机会？期货前辈傅海棠先生曾经提到，要关注那些有问题的品种，有问题的品种才容易发生大行情。什么是有问题的品种呢？傅海棠以农产品为例，提出农产品爆发大牛市的七个条件：国家库存急剧下降、种植面积急剧下滑、当年单产明显降低、价格处于相对低位、外部经济条件良好、商品价值被低估、长时间能量的积聚。

要同时符合这七个条件的品种是很少见的，不过只要符合其中2~3个条件，就可以关注了。尤其是处于产能过剩且历史低位的商品，大家就可以参与。比如，2021 年的苹果期货就是这样的机会。

4.2.1　苹果产量过剩价格低估，低位做多苹果

苹果由于增产导致库存高企，价格很低，在 2021 年 4 月，新闻报道：果农因为种植苹果不赚钱而砍伐果树。而且苹果期货主力合约价格跌破了 6 000 元 / 吨，大约折合 3 元一斤。我曾经看过果农的报道：以前果农在 2 元一斤时几乎不赚钱，这样算下来，苹果很难跌破 4 000 元 / 吨。不管怎样，期货价格远月合约一般不会跌到 0 元。这说明，我在 6 000 元 / 吨买入 1 手苹果期货，假设苹果期货可以跌到 0 元，此时我亏损 6 万元，我只要有 6 万元闲钱，就可以扛得住价格波动，做好移仓换月，一直持有到苹果减产价格上升。这是一个下限有限，上限无限的机会，只要有 6 万元的闲钱，亏损的可能性接近于 0，盈亏比接近正无穷大。在一个分式中，如果分子是正值常数，分母无限接近于 0，那么这个分式的数值就无限接近于正无穷大。

有一位朋友说：他问过专业的果农，由于产量过剩，苹果的价格应该在5 000 元/吨比较合理，他要等苹果价格跌到 5 000 元/吨时介入。但他并没有影响我执行自己的计划。

后来我做了一次换月，换成了 2105 合约，因为不知道苹果什么时候会减产，也不知道什么时候会涨，我做好了持有 2~3 年的准备，所以，尽量买远期合约。不过，让我没想到的是苹果涨价的日期来得那么快，2021 年夏天一些主产区下了一次冰雹，10 月，多个苹果主产区发生了冰雹灾害，对苹果的产量产生了一些影响。经过调查，一位山东的朋友说冰雹大部分下到海里了，对苹果产量的影响很小，此时，他准备做空 2105 合约。不过，一位陕西的朋友说他们家的苹果园全毁了。具体对全国苹果的产量有多大影响不能确定，会不会涨我也不知道，但我只知道自己要一直持有到苹果涨价为止。

国庆节刚过，很多人来不及调研，但市场给出了相应的反应，行情陆陆续续走了四个涨停，使一手苹果赚了近 2 万元。由于和一些做现货的朋友交流后，发现他们大多看空苹果价格，因此，我给自己定的目标位是 8 000 元/吨附近，现在回头看这个目标位太低。到我动笔写本书时，苹果价格已经突破了9 500 元/吨。这让我再次感受到，市场上大部分人的观点都不具备参考价值，我们投资一定要坚定自己的判断，苹果加权日线图如图 4-1 所示。

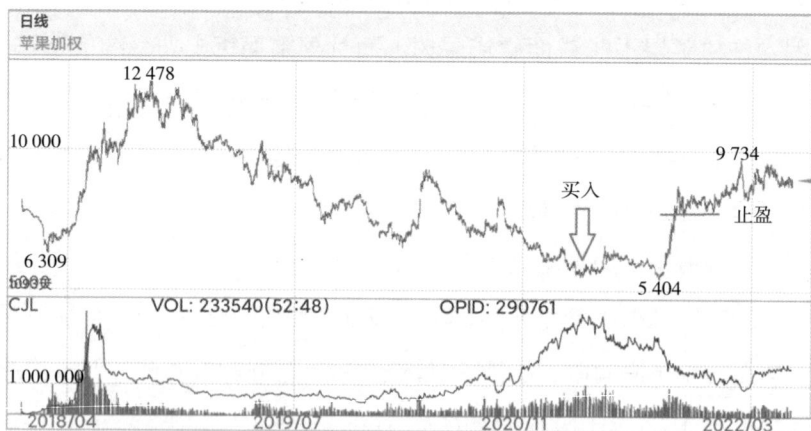

图 4-1 苹果加权日线图

4.2.2　PTA 产能过剩并处于历史低位，做多 PTA

2021 年 11 月，PTA 的价格经过反弹后，又回到 4 500 元附近，很多生产 PTA 的小工厂由于没有规模优势，成本比大型企业要高一些。当价格在 4 500 元时，它们处于亏损状态。所以，目前的价格是难以长期持续的，因此，下方空间有限。

如果对价格走势做一个粗略的完全分类，价格之后上涨、横盘、下跌三种情况（这是很粗浅的分类，实际走势会更加复杂）。即下图中 A、B、C 三种情况。完全分类的一个作用就是把所有可能发生的情况都预想一遍，尤其是最坏的情况，判断自己能不能承受。从图 4-2 中可以看出，最坏的情况无非是 C，你要考虑清楚，假如 PTA 的价格在 4 000 元以下徘徊了三年甚至更久的时间，你还能不能坚定执行自己的交易策略。

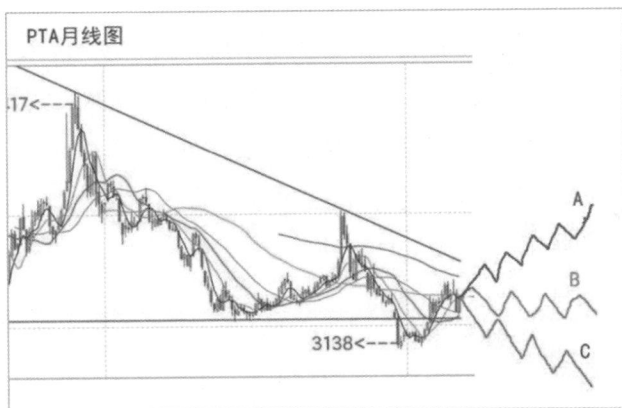

图 4-2　PTA 月线图

下面介绍三种交易策略，供大家参考。

方法一：最简单的方法

PTA 2209 合约约为 5 000 元买一手，就算价格跌到 0 元，最多亏 2.5 万元。如果你买入一手多单之后，账户里还有 2.5 万元以上的闲钱。就可以一直拿着，并做好换月，自己设一个目标位，比如在 5 600 元止盈，这个目标不难达到，可以轻松赚 3 000 元，不过这个点有点儿低，大家可以设一个较高的目标位，比如我的目标位是 8 000 元，达到这个目标位一手可以赚 1.5 万元。

方法二：网格法

做好资金管理，根据自己的资金量情况设置网格，确保即使行情价格跌到 0 元也不会爆仓。比如，某人有 10 万元的闲钱，在 5 000 元介入，可以买1 手作为底仓，然后做一个网格，每下跌 1 000 点加 1 手，加的那 1 手每涨1 000 元就止盈。我大概算了一下，就算价格连续下跌，跌到 0 元，最多回撤7.5 万元。为了安全，我做的计划是确保价格下跌到 0 元也不能爆仓。（这个方法如果遇到长期的极端下跌，有可能回撤 7.5 万元，这对小白的心理承受能力是一种巨大的考验，因此，不建议小白模仿）。如果出现 B、C 两种情况，通过网格法操作，成本会不断降低。一直等到大赚为止。如果出现 A 情况，则不久就会赚钱，持有到目标位为止。

方法三：缠中说禅的思路

在技术性买点建立一个底仓，然后到小级别用较小的仓位做差价，不断降低成本。等成本降到 0 元之后，继续做差价增加开仓手数。我的目标位是一直拿到 8 000 元。至于中间发生什么情况导致价格达到 8 000 元，我不在意，等多久也不在意。总有一天，会突破 8 000 元。如果你有耐心，把目标位设置成 12 000 元也未尝不可。

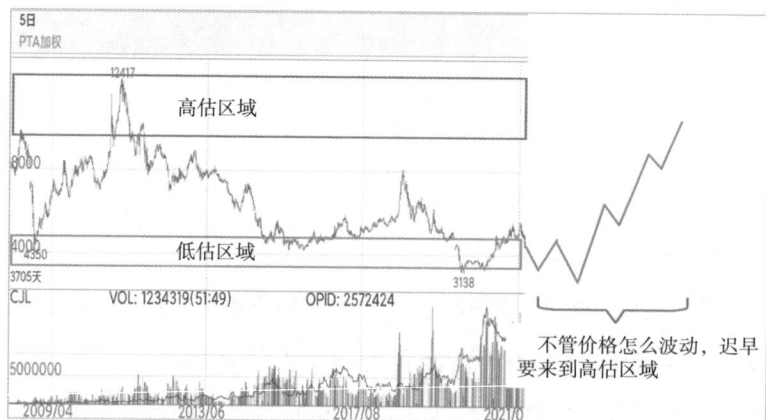

图 4-3　PTA 加权低估区域与高估区域

有人问：如果3~5年都没有达到目标位怎么办？岂不是来回坐过山车？没关系，大的波动正好是短差的好机会，技术水平不高的人可以用网格法降低成本，技术水平高的运用缠论先降成本再增加开仓手数。越晚涨起来，我们的成本越低，开仓数量越多，对我们越有利。

现实情况中，当价格跌到低估位置后不久，通常就会爆发行情。其中一个重要原因是：好的位置大资金会抢着介入，而大资金是有融资成本的，是有业绩压力的，因此，它们会在建仓后拉升出一波行情。几乎每次期货价格跌到一个极端低位之后不久都要有一波行情。只不过基本面配合时行情大一些，基本面不配合时行情短促一些。

在2022年6月，PTA 2209合约的价格已经涨到了7 700点以上。此时原油已经有见顶迹象，叠加美国加息，文华商品指数也有见顶的可能，因此，我逐步分批止盈了，只留了一小部分仓位准备拿到8 000点以上。当初设定的8 000点的目标位，主要是让自己拿得住单子。操作时，大家可以根据实际情况灵活调整。但不能与目标位相差太远。这次我吸取了做多苹果的教训，底仓牢牢地拿到了7 700点。

4.2.3　好的位置弥足珍贵

好位置的筹码是非常珍贵的，像上面提到的苹果、PTA这么低的位置，不知要过多少年才能遇到一次。这样的价位，常常让人心生恐惧，或者长时间洗盘让人失去信心，从而止损出局，然而这个价位一旦错过，基本上没有再回头的机会了。股民常说的"千金难买牛回头"，就是这个意思。《股票大作手回忆录》中写道：谁也承担不起失去自己位置的代价，就算他是洛克菲勒。

占领一个好的位置，相当于战争中占据了一个战略要地，打起仗来易守难攻，能够实现这样的效果：我的本金十分安全，市场无论怎样波动，都很难打到我的止损。如果市场向对我有利的方向波动，我将获利丰厚。

4.2.4　弯腰捡钱的机会并不少

有人会觉得这样的机会很少出现，其实，如果同时关注期货市场的所有品种，并对它们的基本面做深入了解，这样的投资机会并不少见。如果加上股市里绩优股因突发利空被错杀的机会，那么几乎每年都能发现操作机会。

比如，在 2020 年 7 月的纯碱价格跌到 1 303 元，买 1 手最多亏 2.6 万元，只要有 2.6 万元闲钱，就可以做 1 手死拿到赚，如果有 30 万元闲钱，可以做 10 手，还可以分批做、定投做、网格做……只要做好风控即可。图 4-4 为纯碱的周线图，后来于 2021 年 10 月最高涨到 2 585 元，获利空间非常大。

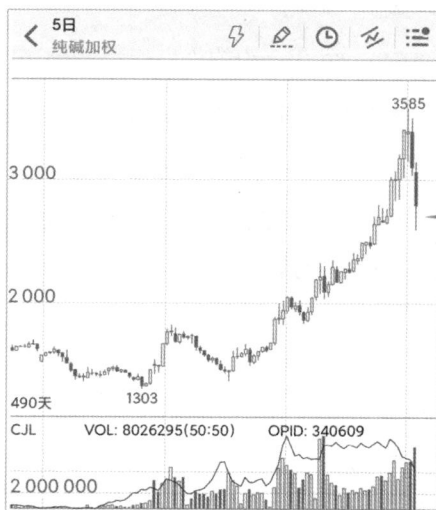

图 4-4　纯碱的周线图

又如，2020 年期间，原油跌得比矿泉水还便宜，虽然我没做原油，但我做多了 PTA（PTA 是化纤纺织品的原材料）。当时我是这样考虑的：首先，PTA 已经跌破了历史低位，其次，PTA 是以原油为原料制作的，原油下跌是因为疫情影响及国际事务等因素。油价企稳叠加国际贸易恢复，PTA 的价格应该会恢复，于是逢低买入 PTA。当时 PTA 的期货价格跌到了 3 200 元附近，PTA 的保证金本来就比较低，下方空间也很小，只要做好资金管理，无论使用网格法，还是直接轻仓买入，都是盈亏比相当可观的买卖。

如果大家嫌期货风险大，也可以买跟踪原油指数的基金，如国泰商品基金
（基金代码是 160216），这个基金跟踪原油价格指数，后来随着原油价格的
上涨净值最高上涨达到 320% 以上。除了买基金，还可以买相关的股票，如
2020 年 PTA 大涨时，新乡化纤连续涨停。需要注意的是，操作股票时要结合
该股票的技术面和基本面综合判断。当 2020 年 3 月 PTA 处于历史低价时，
新乡化纤的月线图也是历史低位，此时上涨的确定性较强，如图 4-5 所示。
由于 PTA 的产能一直处于过剩状态，2021 年 11 月之后 PTA 的上涨是因为
PTA 生产企业持续亏损，有些企业直接把 PTA 原材料 PX 的出口到国外获利，
导致 PTA 因原材料的价格上涨而上涨，新乡化纤的高利润无法持续，因此，
后期未能与 PTA 同步上涨。总之，股票的价格与商品期货价格的涨跌不会完
全同步，需要具备一定的技术分析功底。

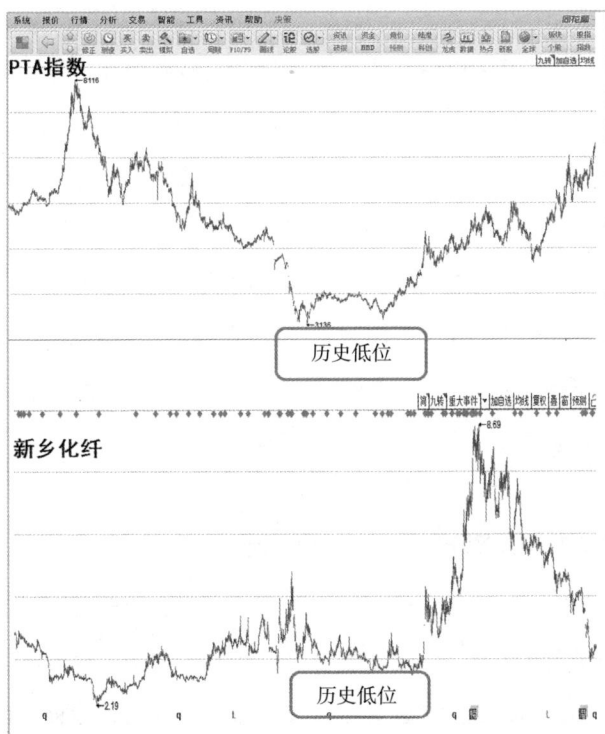

图 4-5　PTA 与新乡化纤月线图处于历史低位

原油这样的机会在 2016 年也出现了一次，那时新闻报道原油价格比矿泉水价格便宜。还有豆粕期货，也是四年一个周期循环。如果你关注期货市场所有的品种，再加上股市和基金，那么类似这样弯腰捡钱的机会，几乎每年就会发生一次，没时间研究的上班族，以及技术不好的小白，可以关注那些"有问题"的品种，经过十年、二十年的积累，也可能实现财务自由。

4.2.5　以坚定的信念拿住盈利单

我介绍本方法的同时，有必要做一下风险提示。虽然只要严格执行并做好资金管理，高概率能够获利，但不确保每个人都能用好。尤其是没实战经验的小白，容易在价格的波动中被洗出去。可以先看看方法，小仓位试验，等自己实战经验丰富后再加大资金进行操作。

这个方法有一个难点——拿得住盈利。新手经常犯的错误就是拿不住盈利单，甚至做了多年的老手也拿不住。大家最好一开始就定一个比较合理的目标位，不到目标绝不放手。另外是要轻仓，因为这个方法对耐心的要求是很高的，必须用闲钱才能保证在未来一两年内自己的计划能够执行下去，而且要忍受中间的价格波动。我每次都会假设价格跌到 0 元，做最坏的打算。俗话说做事要做最好的准备，做最坏的打算，就是这个道理。不要小看这个方法，不仅傅海棠先生是这样起家的，大作手斯坦利·克罗也是在白糖跌破成本价后，靠这个方法起家的。我遇到过几位期货高手，在资金量很大之后，就很少做短线了，也是以这种方法为主的，因为安全性非常高。

4.2.6　关于期货价格跌破 0 元的问题

期货价格跌破 0 元在 2021 年真的发生了，那是因为某银行的交易员没有及时调仓，在临近换月时，在成交量不足以卖出的情况下导致的（具体可以查询相关新闻）。这也就是意味着交易员如果做好了换月，这样的情况大概率可以避免。不过，既然有这样的先例，大家就一定要多加小心。如果吹毛求疵，交易市场没有绝对的赚钱机会，虽说是弯腰捡钱，也可能闪到腰。我觉得大家可以在 0 元或者比较低的位置挂一个止损单，如果真的发生跌破 0 元的极端情况，大家先止损，避免发生爆仓，等极端行情过后再买回来。就像利弗莫尔说的那样："当我看见一个危险信号的时候，我不跟它争执。我躲开。几天以后，如果一切看起来还不错，我就再回来。"这样做虽然可能损失一些差价利润，但避免了巨大的风险，仍是值得的。

同时我们要知道，对于远月合约而言，跌破 0 元的现象从来没有发生过，将来发生的概率也极低。因此，大家不必对这种现象太过担心。

4.2.7　关于换月的操作方法

期货不同合约的价差有时很大，比如 2022 年棕榈油 05 和 09 合约的价差可达到 1 600 点，换月后 1 手少赚 1.6 万元。对于那些价差很大的合约，我是不建议做长线的，这样可能看对了行情却赚不到钱。很多商品的价差一直是保持较小的幅度，如 PTA、螺纹钢、豆粕、锌、铜等，这是我做长线经常关注的标的。

对于长线而言，换月是让自己介入的位置持续占有优势。如果是做多，那么介入位置越低越好，如果是做空，介入位置越高越好。关于如何做好换月，大家可以参考以下几种情况：

一是如果做多，远期合约的价格低于持有的近期合约，大家直接换月就行了。如果是做空，远期合约的价格高于持有的近期合约，大家也可以直接换月。比如，在 2022 年 3 月 7 日，PTA05 合约的收盘价为 6 466 点，09 合约的收盘价为 6 312 点，此时直接平掉 05 开仓 09，每手成本自然降低 154 个点。如果是持有三五年的打算，可以直接换到 2301 合约，3 月 7 日收盘价为 6 168 点，成本下降更多。

二是如果远近月合约相差不大，可以在一段趋势完成，发生调整时换月。

我们以做多为例，根据缠论的走势必完美原则，一段上涨走势完成后会转化为震荡或者下跌，此时可以先高抛，等回调时在远月合约介入，如图 4-6 所示。

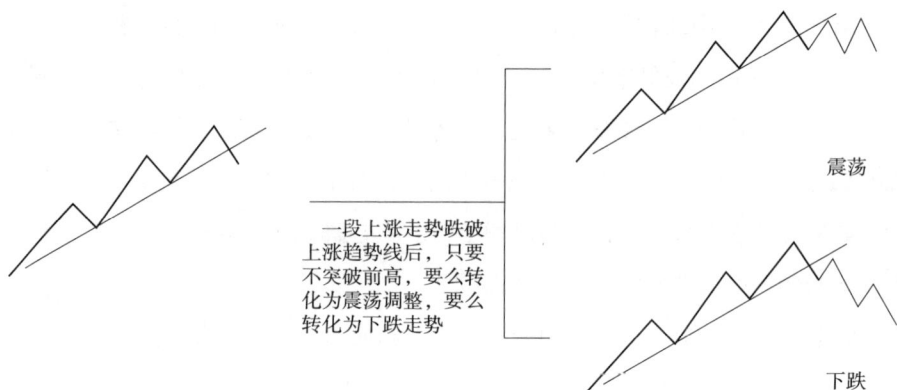

一段上涨走势跌破上涨趋势线后，只要不突破前高，要么转化为震荡调整，要么转化为下跌走势

震荡

下跌

图 4-6　远月合约介入

一般情况下，在价格跌破上涨趋势线之后，可以假设这段上涨趋势完成了。那么后面的走势大概率会转化为震荡或者下跌。此时可以在价格反弹时逢高，分批卖出手中的合约，价格回落时逢低，分批买入远月的合约。还有一种情况，就是价格跌破趋势线后，迅速收回站上趋势线，后期又创出新高，说明上涨趋势并没有完成。此时一定要及时买回，不要失去了自己的头寸。如果你操作不好，很可能把成本越做越高了，但即使成本变高了，也要买回，因为对于长线而言，失去头寸的代价是非常大的。当价格再次跌破新的趋势线时，可以按照该方法换月。做空的情况反过来就行了。

由此可以发现，做好换月的本质是尽量避免成本的变化对自己产生不利的影响。不仅换月时可以运用以上方法进行操作，在不换月时也可以运用以上方法，尽量降低成本。如果你有其他擅长的方法，也可以运用起来。

在和别人交流时，有些擅长短线的人觉得我的方法偏中长线，资金增长太慢。其实，他们正好可以运用自己擅长的短线方法做短差，不断降低成本。当成本降到 0 元时，这笔交易就是无风险交易了，此时还可以不断做短差，增加开仓的数量。比如，某人的本金只能做 10 手 PTA，而 PTA 经过了 3 年依然没有到达到 8 000 元的价位，而这三年来，他通过做短差使自己的成本降到 0 元，而且开仓数量达到 15 手，那么他现在就是用 0 成本去等待每手 4 万元的收益，15 手总共可以盈利 60 万元。其实，收益倒是其次，关键是 0 成本。

这一点可能初学交易的人体会不到其中的重要性。比如，某个生意，做好了可以获得一倍的收益，做不好也没有损失，你会不会去做？我会，而且是要尽己所能，把能筹集到的全部资金投入其中大干一场。交易员对于 0 风险的机会，要特别珍惜。

因此，在我看来，做短线也是可以背靠一个大方向、一个大势来做的，这样更能发挥短线的威力。这也是缠中说禅主张的一种思路：先把成本降到 0，然后增加筹码的数量。

有人会问，既然有能力做短差，为什么还要做长线呢，直接做短差不就可以盈利了吗？因为在现实中，能把短线做好的交易员是非常少的，除了极少数高手之外，大部分人做短线的结果都是微利或者亏损。我所说的做短差，是在我遇到有把握的高胜率、高盈亏比的机会时做一笔，并不是经常做。而且我做短差也不是次次盈利，只是保证长期盈利大于亏损，使成本对自己更加有利。另外，在低位可以用网格法不断降低成本。网格法的难度并不大，普通水平的交易员只要做好资金管理，计算好最不利的情况，就可以安全、不断地降低成本。因此，有能力做短差与降低成本并不矛盾。

我一直主张把投资想简单，不要搞复杂。本节中提到的方法，大家只要耐心坚守，严格执行，赚钱的概率就会特别高。

4.3　胜率和盈亏比

我在空闲时，经常去书店转转，看近期有没有交易类的好书。有一次有个 20 多岁的年轻人看到我在看交易类的书籍，就问我是不是也炒股，我说我是专职做交易的，这个书店技术分析的书籍大部分都看过。他就很想让我给他推荐几本技术分析的书籍。我对他说："你首先要知道决定交易成败的两大因素是胜率和盈亏比，最好先把这两样东西搞清楚。不然看再多的技术类书籍也不一定能做好。假如你明白了胜率和盈亏比的含义，随便找一本技术类书籍就行了。"他似懂非懂地看着我，还是让我先给他推荐一本技术书籍。我又更详细地解释了一下，他还是想让我给他推荐技术书籍。我只好把我看过的两本比较认可的技术书籍推荐给了他，但我知道他没有明白我的意思，就像我刚刚进入市场时一样，注定要走很多弯路。

胜率和盈亏比，对于炒股的人可能比较陌生，但对于炒期货尤其是做量化投资的人会非常熟悉。我认为，一个人对胜率和盈亏比的理解程度，决定了他运用技术分析的能力。要更好地理解胜率、盈亏比对总盈利的影响，最好用数学公式推导一下。虽然数学公式中的很多变量是不确定的，但我们运用数学公式，可以更直观地说明一些道理。

下面先用数学公式推导一下：

假设某人按一个固定的交易方法长期做交易，经统计，平均每次盈利的数额为 a，平均每次亏损的数额为 b，做交易产生正收益的概率即胜率为 P，平均每次的盈利与平均每次的亏损的比值，即盈亏比为 B，交易次数为 N，仓位为 S。虽然这些数据是很难准确把握的，但通过数学计算得出的结论对人是非常有启发的。这里我们不去太计较数据的准确性，着重理解其中的道理。

总盈利 = 仓位 × 交易次数 × （平均单次盈利 - 平均单次亏损）

$$=S \times N \times [P \times a - (1-P) \times b]$$

$$=S \times N \times [P \times a - b + P \times b]$$

由于 $B = a \div b$

则总盈利可变形为：

总盈利 $=S \times N \times [(P \times a - b + P \times b) \div b] \times b$

$$=S \times N \times [P \times B - 1 + P] \times b$$

$$=S \times N \times [P \times (B+1) - 1] \times b$$

即：

总盈利 $=S \times N \times [P \times (B+1) - 1] \times b$

这个公式依然有较多的变量，而且有些变量是相互影响的，比如平均单次

亏损 b 越大，则盈亏比 B 越小，交易次数 N 越大，盈亏 B 也越小，对大部分人而言，胜率 P 也会变小。由于变量比较多且相互影响，需要把某些变量先确定下来。

于是，我们再次简化一下。假设止损是确定的，则平均单次损失 b 是确定的。由于我们主张轻仓交易，因此，仓位 S 也可以先确定下来。那么可以假设 $S \times b$ 为一个常量。

则：总盈利 $=N \times [P \times （B+1）-1] \times$ 常量

在这个公式中可以发现，在止损和仓位确定的情况下，只剩下交易次数 N、盈亏比 B 和胜率 P 三个变量。那么，总体盈利取决于交易次数、胜率、盈亏比。并且 $P \times （B+1）$ 必须大于 1 才能盈利，不然 $[P \times （B+1）-1]$ 就会小于 0，整个公式得出的总盈利会是负数，即亏损。想要提高总盈利，就要从这三个方面下手。而很多新手习惯性地去提高胜率，常常忽略了盈亏比。

如何提高交易次数、胜率、盈亏比呢？市场上一般形成了以下三种风格：

第一种是着重提高交易次数的风格，比如日内高频交易。这样的风格，交易难度特别大，对身心的消耗也特别严重。很多日内抄单出身的交易员，在资金做大之后，都转型到中长线风格了。一位日内高手在成功后也转型到中长线风格了，她在接受采访时说："因为长时间盯盘对眼睛和身体的伤害比较大"。同时，日内短线由于盈亏比很难放大，所以，胜率不能太低，即必须能够在很小的止损范围内以较高的准确率预测行情，这是一件很难的事情。我们在上一节已经分析过，找到一种长期能够准确预测行情的方法是不可能的。一个人可以把高胜率保持 1 年、3 年，但他可以 10 年一直保持高胜率吗？所以，做日内的交易员，最终要么走向失败，要么不停地寻找适合市场风格的新方法。现实中通过日内短线成功的交易员大部分转型做培训了。在我周围遇到做交易的人，没有一个是通过日内交易做大的。因为难度太高了，可能全国能做好日内的都被基金、机构高薪挖走了，很难与我们常人相遇。曾经在巴菲特的股东大会上，有人问：你认为做超超短线能成功吗？巴菲特笑着说："在座的很多都是投资名流，请问短线客在哪里？"

第二种是提高胜率的风格。这是新人特别喜欢的一种风格。胜率就是每次开仓后获利的概率，获利概率越大，则获利次数越多，给人的感觉越好，所以新人特别喜欢。尤其是没有明白胜率和盈亏比同样重要的新人，他们为了追求较高的胜率，常常在亏损时不止损，甚至越亏越买。由于价格一直在波动，因此，浮亏通过加仓常常可以变成盈利。可惜的是，他们不知道这样的习惯是非常危险的，因为一旦遇到极端行情，比如流畅的下跌，新人越跌越买，他们的损失会非常大，一次亏损足以消灭十几次小赚。有些人交易一段时间后，喜欢到处炫耀自己的胜率，这纯粹就是无知的"菜鸟"行为。如果他不同时考虑胜率和盈亏比，是没有任何意义的。还有的人在网上发问，如果有一个胜率在80%以上的交易系统出售，价值多少钱？懂行的人都知道如果不考虑盈亏比，这种系统一文不值。而且我现在就能告诉读者一个胜率在95%以上的方法，那就是用极轻的仓位，随机买入，赚了一个点就平仓。如果亏损，就越亏越买。这样绝大部分情况大家都能扛到盈利，但是那些极少的极端情况会让自己损失惨重。所以，很多人在做交易很多年了依然在赚赚亏亏中循环，就是因为他们忽略了盈亏比。他们的资金曲线就像小孩垒积木一样，好不容易垒了很高，一不小心又轰然倒塌。过分重视胜率，是新人不成熟的表现。

巴菲特说过，能够预测市场走势的人，我还没见到过一个。

图 4-7 为追求高胜率的交易员的交易成果。

在大部分的时间里，他们都在赚钱，但每次赚得很少。如果拉长交易周期，会发现一些突发的、意料之外的极端的行情出现，会把他们的盈利迅速抹平。相当多的交易员都是在赚赚亏亏中饱受折磨。他们常常很有信心，因为大部分时间里一直在赚钱，但长线看账户却是亏损的。我们看期货大赛的实盘，也有极少数的交易高手可以做出低回撤稳定向上增长的交易成绩，如图 4-8 所示，但这样的交易风格难度非常大，对人的自律要求非常高，拉长交易周期看，能保持三年连续稳定盈利的交易员极其稀少。

图 4-7　追求高胜率的交易员的交易成果

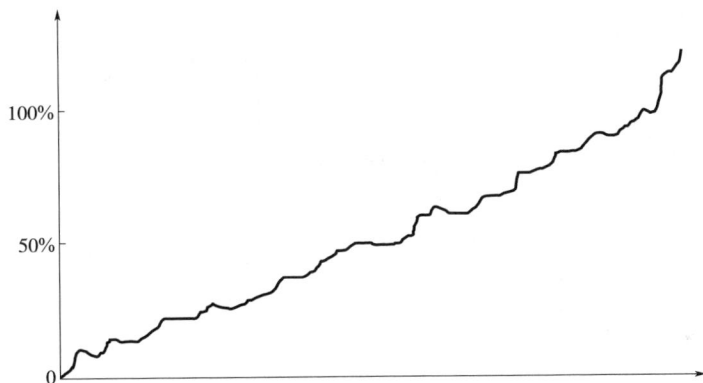

图 4-8　极少数交易高手低回撤稳定向上增长的交易成绩

第三种是提高盈亏比的风格。保持资金曲线多年稳定向上增长的人，没有不重视盈亏比的。他们心里可能没有考虑过盈亏比这个概念，但实际上已经在重视了。比如，一位短线高手说他只考虑胜率，因为他一旦发现自己错了就会马上砍仓，实际上这种风格潜在的盈亏比很高，因为"亏"得很少。又如，巴菲特投资的三条铁律：第一是保住本金；第二是保住本金；第三是回头看看前两条。虽然他的话里没有提到盈亏比这个概念，但如此严格的重视风控，本身就是含有高盈亏比要求的。

重视盈亏比有很多优点，比如安全性更高，降低了交易难度。现实中，重视盈亏比的交易者往往在市场上活得久、做得大、做得轻松。

为什么重视盈亏比安全性高,因为高胜率的风格,只要胜率不要太低,长期做下去想亏损反而比较难。比如,保持盈亏比为 10:1,那么就算亏 9 次只赚 1 次,依然是正收益。有一位业余做期货的工程师曾对我说,他做期货赚钱很容易亏钱很难。我听了十分惊讶,等我明白盈亏比的重要性之后,对这样的话就习以为常了。

图 4-9 为重视盈亏比风格的交易资金曲线。我们看到这种风格大部分时间都是在回撤,投资者靠每年偶尔出现的几波大趋势获利。

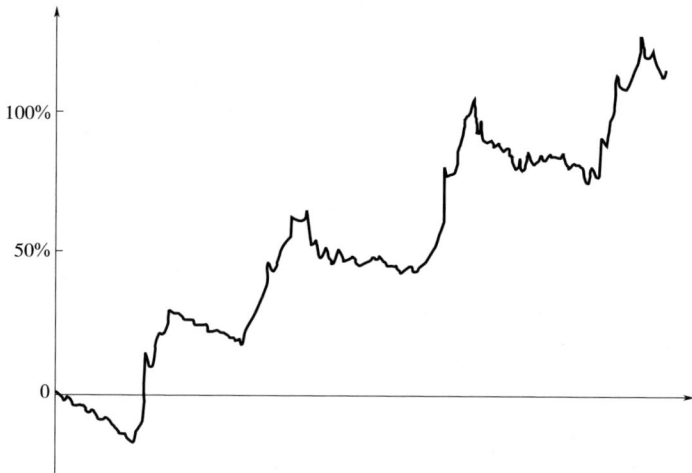

图 4-9　重视盈亏比风格的交易资金曲线

为什么重视盈亏降低了交易难度。因为交易最难的是预测,世界上不可能有人能长期准确预测短期行情。重视胜率的风格是在挑战难题,不在乎胜率也能盈利的方法是在解简单的题。在后面的章节会讲到一些高盈亏比的赚钱策略,有些策略操作起来十分简单,就算是小学生也可以看懂。然而重视胜率的人,他们学习了大量的技术分析,学习了波浪理论、江恩理论大部分依然不能盈利。

另外,盈亏比的提升空间比胜率的提升空间大得多。普通人如果通过瞎猜操作,盈亏各半,长期下来胜率接近 50%,而胜率最大值为 100%,所以,胜率的提升空间有限(实际上能提升到 70% 就不错了,而且长期保持。有的人短期由于存在运气成分获得特别高的胜率，但很难长期保持）。而盈亏比理论上是无限大，现实中也可以做到很大，比如 20∶1。这也就意味着，盈亏比的提升空间可以很大，而胜率的提升空间比较小。因此，聪明人都会向盈亏比下功夫而不是胜率。现实中的投资巨擘往往也是做长线大趋势段的，大趋势才有大的盈亏比。

现实中，人们不会只重视盈亏比这一个因素。因为总盈利公式中的 S、N、P、B、b 是相互影响的。风格成熟的交易员，往往是在高盈亏比的前提下，尽量提高胜率和交易次数。胜率毕竟对总盈利的影响与盈亏比几乎一样大，因此，不能忽视。而且胜率太低，连续发生亏损的次数会很多，这对交易员的心理会有很大的负面影响，使自己的交易计划难以执行下去，导致本来应该赚钱的机会最终反而亏钱了。所以，很多人做了多年交易之后，尽量只做高胜率、高盈亏比的交易机会。他们就像狙击手一样，等到猎物走到自己枪口上才发射子弹。又像潜伏在水里的鳄鱼一样，耐心等到猎物走到自己嘴边再出击。高胜率、高盈亏比会降低交易次数，因为又安全又能大赚的机会毕竟不常见。因此，很多高手平时都是很轻松的，他们每年只操作少数几次。平时可以做自己爱好的事情，外人也看不出他们其实是一位金融大鳄。

1. 把盈亏比的思路引入技术分析

我在和朋友讲述总盈利公式时，常常强调盈亏比。有些朋友产生了一些误解，他们问："你在操作时，是固定使用 3∶1 的盈亏比吗？"其实，我主要是强调盈亏比对总盈利的影响，思考总盈利公式中的道理，寻找更加简单有效的交易风格。比如，盈亏比对我的一个启发是，未来利润不大的机会直接放弃不操作。或是根据自己多年复盘的经验和技术分析理论，如果未来空间不大，就不值得自己做。平时我也常常听到一些机构交易员说"风报比不合理"，"没空间""没有盈亏比"等也是这个道理。

制定量化交易系统的交易员，有的会考虑一个固定的盈亏比，我是策略类交易员，止盈并不是按固定的盈亏比来止盈的，但有一个原则，止盈一定要远大于止损。只要不打止损，且趋势没有走坏，就可能会一直持有。我做交易的一位启蒙老师，给自己制定了一个规则：一次盈利要能够覆盖十几次止损。这样听起来有些夸张，但只要严格执行并做好资金管理，长期坚持就会发生这样的效果：想亏很难，想赚很容易。

明白盈亏比的交易员在运用技术分析时，首先考虑的问题是未来空间大不大，如果不大，就不做，即使胜算很高，也可能放弃。很多成熟的交易员使用这样的交易风格：用大级别图形（如使用月线图、周线图）看大方向，小级别（如 1 小时图、1 分钟图）去找介入点。因为如果在月线图看出未来可能有一段上涨，那么在 1 小时图中可能是一段巨大的涨幅，非常值得参与，即使止损次数多一些，未来一次大赚就可以弥补大部分损失。比如亚历山大·埃尔德的三重滤网系统，罗伯特·C.迈纳的高胜算交易策略，缠中说禅的区间套、大小级别联立，良风有幸的"跨周期"等。至此，读者应该能够明白，为什么第 2 章和第 3 章的操作案例大部分都是利用月线、周线级别寻找机会？因为这样做盈亏比很大，投资难度较低。等熟练掌握之后，技术水平提高之后，可以适当降低操作周期，提高交易次数。

用技术分析做了很多年交易依然无法盈利的人，大部分是因为不懂得盈亏比的重要性，有些甚至不知道盈亏比为何物。

2. 把盈亏比的思路引入基本分析

运用基本面分析预测短期走势比较难，但商品的价格出现严重低估、严重高估或是供需严重不平衡时，预测的准确率比较高，行情也比较大，此时盈亏比和胜率都比较高。很多人做期货成功之后，往往转换到靠基本面做大波段的风格中来，不再参与市场的短线拼杀。我认识一位专门做白糖的人，他们家是做糖相关产业的，对糖的基本面非常了解，做期货的方法也很简单，在糖价低估时慢慢买入做多，高估时慢慢开空单，有时配合自己的企业做套期保值。糖价有一定的周期性，在高价和低价之间循环往复的运行，一般 5 年一个周期。他就这样慢慢做，不到严重低估或者高估时不出手，他的操作次数非常少，但资金量已经有较大的规模了。

图 4-10 为白糖期货的历史走势。

图 4-10　白糖期货的历史走势

商品价格低估和高估时，如图 4-11 所示。大家要十分珍惜这样的机会。尤其是价格低估时，因为商品是有成本的，跌到成本价的商品，下方的支撑非常有力，未来必有一天要达到高估区域，上涨幅度非常可观。而且在低位买入的多头头寸，一定要牢牢拿住。新人常常在有较大盈利时落袋为安，但我一直告诫他们，要拿到高估区域为止，拿到市场疯狂为止，拿到监管层出手调控为止，拿到你赚得不好意思为止，绝对不要中途下车。比如，苹果和 PTA，只要在成本价附近介入的，就可以坚定持有，一直到价格疯狂为止。这样赚钱就像弯腰捡钱一样容易。

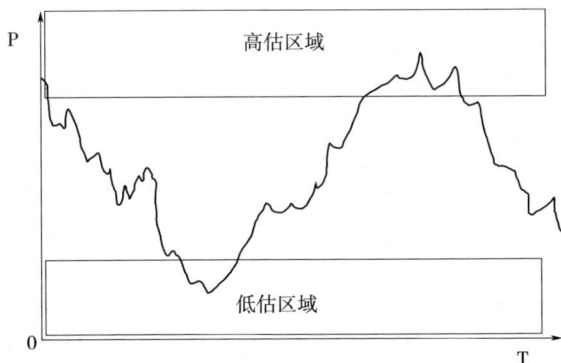

图 4-11　商品价格的低估区域与高估区域

4.4　预测、系统、策略

本节主要讲述市场上普遍存在的一些交易思路，对比不同的分析方法，最终得出结论：根据交易策略进行交易是比较简单有效的方法。

4.4.1　预　　测

刚进入市场的小白，常常以为炒股高手善于预测价格涨跌，只要学会了某种方法，就可以预测涨跌，或者跟着高手操作就能赚钱。这其实是一种思维的误区。强如巴菲特也没有预测股票涨跌的能力，而且巴菲特经常也是一买就被套，有的股票他拿着 4~5 年都不涨。

我们可以用反证法思考一下，假如某人具备预测市场涨跌的能力，或者掌握了预测涨跌的方法，那么，即使只有很少的资金，他通过加杠杆做外汇交易，用不了多久，全世界的钱都会被他赚光，外汇交易市场也就不存在了，并且他很快能够成为世界首富。而现实中炒外汇成为世界首富的人并不存在。因此，可以得出结论：市场中并不存在永远有效的预测市场的方法。股票、期货市场也是如此。

如果把资本市场比作人体，那么赚钱的能人就像寄生在人体的细菌，如果他少量赚钱，是可以存在的，对人体有利，因为提供了流动性。可是，如果无限繁殖，就像发生癌变一样吞噬其他组织、器官，那么人们只能去医院用射线放射治疗，或者用手术将其割除。

股市、期市像一个大海，基金、机构、游资、散户形成了一个完整的食物链，没有谁可以过分强大。如果鲨鱼把所有的小鱼都吃光了，那么鲨鱼也会饿死。如果鲨鱼没有了，小鱼会过度繁殖把水中的食物和养分消耗掉，鱼群的数量也会减少。当市场中存在一个超级赚钱的个体时，市场风格就会发生变化，将其消灭。

汉克·卡费罗是美国证券史上最有名的资深分析师之一，曾创下连续22 月盈利不亏损的纪录；贝托·斯坦曾是华尔街创下一单赚取 10 亿美元的人；而迈克·豪斯 7 年雄居华尔街富豪榜第一。然而他们的结局呢？汉克·卡费罗死时身上只有 5 美元，贝托·斯坦被几百名愤怒的客户控告诈骗而入狱十年，出狱时一文不名，而迈克·豪斯更惨，他在 45 岁就破产多次了。他们都试图找到预测市场的方法，然后他们好像真的找到了，可是市场为了自身的存在，避免所有的钱被他们赚光，只好发生变异，于是市场风格发生改变，他们的方法又失效了。这就是《海龟交易法则》提到的"交易者效应"——当某种有效的系统被人们广泛使用时，该系统的赚钱效应会降低。

这种过程类似人类和细菌作斗争的过程。在人们发现抗生素之前，遇到严重的感染和肺炎是很难治愈的。后来人们发现抗生素可以抑制细菌的繁殖，经过实验发现可以治疗感染和肺炎，于是人们以为战胜了细菌。没想到抗生素大规模使用后，细菌慢慢地产生了耐药性，人们不得不研制新的抗生素去消灭产生耐药性的细菌。可是，新的抗生素广泛使用之后，细菌又会逐渐对这种新的抗生素产生耐药性，形成了无休止的"战争"。

这一现象在短线交易和量化交易中体现得最为明显。比如，著名短线交易者乔·洛氏（JoeRoss）曾说过这样一句话，大致意思是："当我使用某个我擅长的交易方法的时候，每次交易 1 手合约可以赚 1.72 美分，后来每次只能赚 1.64 美分，再后来只能赚 1.32 美分……"这一点在市场中待得久的人都能体会到，2015 年之前市场的风格与 2015 年之后的风格是有很大不同的，可能是因为 2015 年牛市后"80 后"入场了，他们普遍接受过较好的高等教育，很快学会了以往有效的方法，于是市场风格也马上发生了变异。

既然无法通过预测长期盈利，应该靠什么来盈利呢？由此我引入系统的思想。

4.4.2　系　　统

我们来看中医是怎样对待细菌的问题的。中医并没有细菌的概念，也不需要用显微镜去观察细菌，它把人的整体看成一个系统。在这个系统内，人本身具有杀灭细菌的免疫力，中医称为"正气"。当人体整体阴阳平衡时，正气比较容易发挥作用。当某方面失衡时，正气难以发挥作用。比如，某人身体湿气重，就像一个潮湿的屋子，因此，容易长出一些霉菌。只要让阳光照进来，把湿气除掉，霉菌自然也就消失了。这就是中医的整体观、系统观。这里并没有刻意抬高中医的意思，只是借鉴其中的思路。有的交易员悟出了其中的道理，开始用系统的思想来做交易。

将系统的思维发扬光大的人非理查德·丹尼斯莫属。牛人常常有惊人之举。1970 年夏天，理查德·丹尼斯用借来的 400 美元作为资本，买进玉米合约。不久就发生了玉米枯萎症，导致玉米价格飞涨。丹尼斯的资金快速增长到 3 000 美元。他本来是准备去读大学的，但经历了玉米的上涨，他只上了一周的课程就决定退学，专职做期货。

后来，理查德·丹尼斯的期货做得很成功，并因为创立了海龟交易法则而闻名于世。他的学生柯蒂斯·费思所写的《海龟交易法则》被称为交易五大经典著作之一，值得反复品读。此后，系统化交易的理念逐步流行开来，采用趋势跟踪策略的交易员越来越多。

由于理查德·丹尼斯把一些期货新人在短时间内培养成了交易大师，所以，海龟交易法则名噪一时。人们以为只要严格按海龟交易法则进行交易，就能像他的学生一样获取暴利。然而，这些人都受到了市场的"毒打"。原因如下：

1. 严格按系统进行交易是非常困难的事情

理查德·丹尼斯对记者说："我说过很多次，你可以把我的交易法则登在报纸上，但没有人会遵守它们。"就算是理查德·丹尼斯亲自培养的第一批学生，也偶尔做不到严格按系统交易。我也曾经把自己的一套策略教给我的同事，没想到他用这个方法交易三天就放弃了，而且对我的方法提出了疑问，因为那三天里他每次都买在高点、卖在低点，他觉着自己被愚弄了。

我们通过回测系统可以发现，趋势跟踪系统常常是在趋势持续流畅时获取暴利，而在趋势不明显时稳定亏损。大部分市场的价格走势，在 70% 以上的时间是趋势不明显的震荡走势，只有小于 30% 的时间是趋势性行情。决定了趋势跟踪类的交易员大部分时间是在白扔钱，看着自己的本金一点一点地打水漂，而且你没有百分之百的把握确定这些钱一定能回来，这对自信心打击程度非常大。

图 4-12 是知乎上一位网名为"小丸子"的知友运用混沌交易法回测原油2018 年 3 月至 2020 年 5 月的行情。可以清楚地看到：这个系统在原油主力连续合约出现趋势时收益可观，但在原油没有趋势时，资金没有增长。这也是大部分趋势类系统的表现。如果运用一个固定的系统，就必须忍受它的回撤。有时这种回撤的时间可能会很漫长，甚至长达数年。

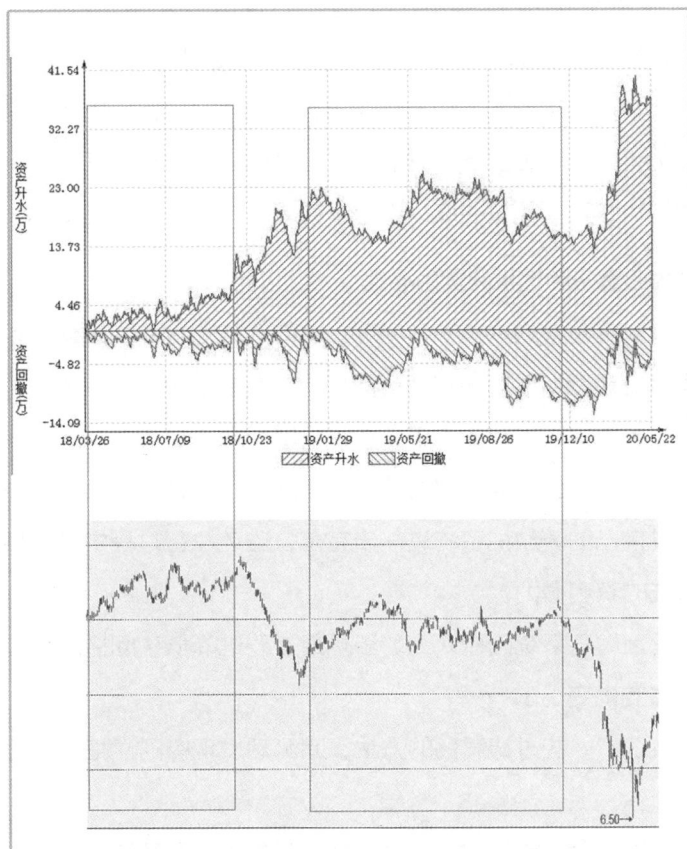

图 4-12 运用混沌交易法回测原油 2018 年 3 月至 2020 年 5 月的行情

2.市场存在交易者效应

不管是预测市场的分析方法，还是交易系统，都会产生交易者效应。这个市场中的聪明人太多了，如果某个技术形态买入后大概率可以获利，那么不久就会有越来越多的人发现这个技术形态，于是，在这个技术形态买入的人会越来越多，对手盘越来越少。由于市场永远是少数人赚多数人的钱，于是，这个技术形态获利的概率会逐渐下降。交易系统也是如此。在同一个市场，如果大部分人运用同一种系统，那么，赚谁的钱？那些不适用该系统的少数人的钱怎么会满足多数人去赚？这违反了"市场上少数人赚钱"的铁律。

到现在，趋势跟踪的理念已经广为流传，现在趋势跟踪的效果怎么样呢？我们听一听海龟交易法则创始人理查德·丹尼斯本人的观点吧。2004 年，理查德·丹尼斯在一次访谈活动中说："现在的交易环境，比过去难 10 倍，事实本应如此。市场工作就是让系统交易者'出轨'，有些人可以赚钱，但不会长久，因为与 15 年或 20 年前相比，现在市场变化太剧烈了。我想可能是因为现在的趋势跟踪者比过去多。在这个游戏中，总是有人追着你。"

3. 人的内心有一种追求完美的心理

在网上，我常常看到这样一些问题。比如，如何避免均线交易系统行情中的震荡、趋势交易者如何规避震荡行情、我的交易系统是这样的……（大段文字介绍自己的系统）……我操作了三个月只获得微不足道的利润，是我的执行力不够还是系统不好？等等，在海龟交易法则问世之初就不断有人在研究。他们常常想通过自己的智慧把系统进一步完善，避免执行过程中资金的大幅度回撤，提高系统的获利潜力。

有的人看到海龟系统回撤太大，于是通过改进降低了回撤的幅度，回测后发现盈利的幅度也变小了……

有的人发现了一些过滤震荡的方法，回测后发现有时候把个别趋势也过滤掉了……

有的人使用一套系统后觉得效果不好，于是改变了系统风格，运行一段时间后又发现了新的问题，于是再次改进……就这样一次又一次地改进，最终发现，还不如坚持最开始的那个系统赚得多……

心存完美的人，实际上并没有理解趋势跟踪思想。趋势跟踪者深刻理解"盈亏同源"的道理，正是因为交易系统包容了一些亏损，因此才能够获利。如果想通过减少亏损而获得更多利润是不合常理的。有些人以为通过自己的聪明才智可以发现一套完美的系统，如果真的存在这样的系统，又违背了"市场上少数人赚多数人的钱"的铁律。因此，系统有两种：要么是较低的回撤的风格低收益系统；要么是很难执行的高回撤的高回报系统。通过调整仓位和参数可以适当折中，但一定无法找到一种永远有效的低回撤、高回报系统。

现在使用系统化交易的人，要么像西蒙斯的量化交易：营业部设在交易所旁，直通光纤，信号比任何交易者都快千分之几秒，抢先成交。这需要极高的门槛，常配备大型高速运转计算机；要么聘用一流数学家团队，根据市场风格的变化不断研究新的高级算法，淘汰低效的系统。而一般人只能使用像海龟交易法一样的系统，接受频繁止损，忍受巨幅回撤，间或发生系统衰退，没有超强心理素质的人，难以完全贯彻执行。

4.4.3　策　略

本书推崇并重点使用的交易风格，不是靠预测，也不是靠系统，而是靠交易策略。下象棋的人都有这样的体会，再厉害的高手也无法预测下一步你怎么走，但他可以在内心推演很多种走法，最终你无论怎么走，都是被将军。这即是策略的思维。如果还不明白，我可以讲一个两难推理的故事：

古希腊有一个国王，他处决死囚的刑罚有两种：一是砍头；二是绞死。这两种死法囚犯可以自己选择，选择的方法是：囚犯可以任意说出一句话，如果是真话，就处绞刑；如果是假话，就砍头。

一位聪明的囚犯来到国王面前问："如果我说出一句话，你们既不能绞死我，也不能砍我的头，怎么办？"

国王说："如果真是那样的话，我就把你释放。"那个囚犯说了一句话，国王听了左右为难，但又不能言而无信，只好把这个聪明的囚犯释放了。

囚犯说的是："我会被砍头。"

因为国王表示囚犯可以任意说出一句话，如果是真话，就处绞刑；如果是假话，就砍头。假设囚犯说的是真话，那囚犯就会被砍头，和"如果是真话，就处绞刑"矛盾，如果是假话，就和"如果是假话，就砍头"矛盾。所以，国王只能释放了这个聪明的囚犯。

交易策略的本质，就是运用逻辑推理，根据当下的行情，考虑所有可能发生的走势，制定一个必赚的盈利模式，逻辑上不能有漏洞。最终的结果是：无论行情怎么走，最终我们都是赚。

例如，如果走势出现盘整，那么它不可能一直盘整下去，迟早要走出一个方向，要么向上突破，要么向下突破，如图 4-13 所示。

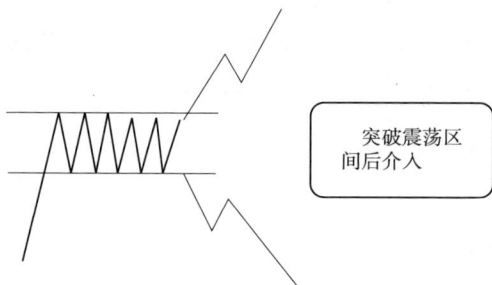

图 4-13 向上与向下突破

我们只需在向上突破震荡区间时做多，向下突破震荡区间时做空就行了。至于行情最终向上还是向下突破，我们不去猜、不预测、不关心。我只是耐心等待，严格执行。

这里以我的一个操作为例：焦炭在一个震荡区间内震荡了两个星期了，如图 4-14 所示，我不知道焦炭未来行情是涨还是跌，但我知道震荡这么久肯定要出方向。于是，我在震荡区间的上方设定一个开多的条件单，在震荡区间的下方设定一个开空的条件单。至于最终要突破上轨还是下轨，我懒得去想，我相信没人能够百分之百准确预判。止盈的位置暂定是 250 日均线，正好也是前期的一个震荡区间，说明价格在这里会受到阻力。正好当天晚上打到止盈位，最低点 1 852 点，盈利 1.6 万余元，与我的止盈价相差 2 个点。这次操作比较精准，有很大的运气成分。平时我也会经常遇到反复被止损，或者止盈后错失大段利润等情况，这也是无法避免的。实践中不宜过度追求操作的精准度，应该把主要精力运用在制定策略上。

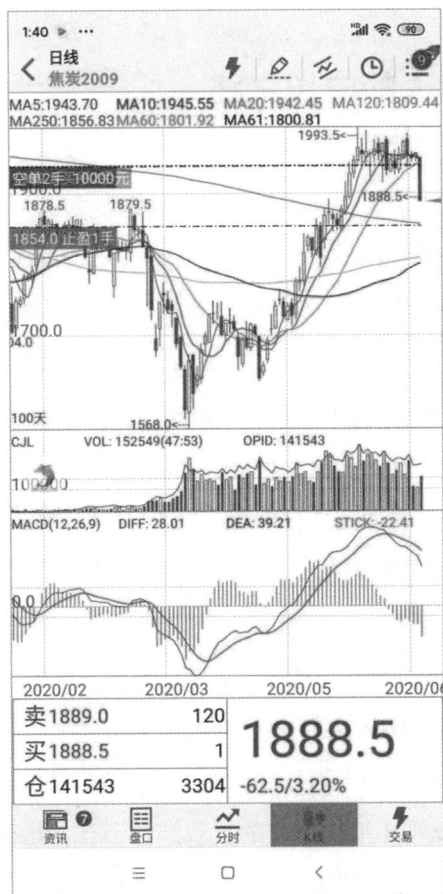

图 4-14　焦炭在震荡区间内震荡

上面的策略我讲述起来比较简单，实际操作中会更复杂，比如，遇到多次假突破怎么办？这在后面的章节中会详细讲述。

运用交易策略来做交易，既不需要精准地预测行情，也可以避免系统化交易中的长期回撤，是很多交易员广泛采用的交易方法。新人在做交易时，那种喜欢预测的思维方式是根深蒂固的，很难去除。有些做期货的朋友多次向我请教，我发现他始终在努力地预测行情，做交易很多年了一直在想办法预测涨跌。为此，我在第 6 章把缠师的一些思维方式进行了通俗化的解释，希望可以帮助读者转变思维，思维转变过来，操作才能简单化，执行力才会更好。

4.5　职业期货人的成长之路

大部分刚刚做期货的人，非常喜欢那种每次都赚钱的感觉，那种感觉非常好，就像刷抖音、追剧一样，每次小赚都会在大脑中获得一定的多巴胺，让人欲罢不能。然而这种风格长期下来往往是亏损的。另一种风格是经常遇到小的止损，等待很久才能遇到一次大赚，这种感觉让我们想到先有辛苦耕耘才会有收获的道理，就像我们努力读书考上大学后，要读厚厚的专业类书籍一样，过程很艰辛，但结果很美好。一旦掌握后，亏钱反而变得比较难。

大部分人无法发生这种转变，就像大部分人做不到先苦后甜一样。要完成这种转变，除少数天赋异禀的人之外，大部分人要经受巨大的痛苦和折磨。《华尔街的幽灵》中有这样一个故事：你告诉小孩不要碰烧红的马蹄铁，他可能不但不听，反而因为好奇想去摸一下。然后被烫伤惨叫，从此再也不敢摸了。成功的交易员就是那个被反复烫伤的小孩。

以前有位培训交易员的人跟我说，普通人的条件要形成一套适合自己的系统需要 3~5 年，一般前 3 年都是亏的。我结合自己接触到的交易员的现实情况来看，要成为一位成功趋势类的交易员大概需要几步，不一定对，但有一定的共性：

第一步：看经典书籍，如利弗莫尔和斯坦利·克罗的书、海龟交易法则等。看书其实就是为了明白一个核心：不预测，用小亏去捕捉大赚。虽说简单，但要明白很难。如果悟性高，一看就明白了这个道理，那么这一阶段可以跳过，直接进入下一阶段。我的悟性不高，大约花了三年的时间才慢慢领悟。也有很多交易员不看书，他们有老师教或是在实践中悟出了该道理。别人能帮你的，也只是走到这一步了。剩下的都是靠自己，所以说：师父领进门，修行看个人。

第二步：大量复盘，看很多的 K 线图。缠中说禅说过 K 线图是昂贵的艺术品，要认真鉴赏。利弗莫尔早年通过研究报价带的数据，击败了家乡所有的对赌行。有些高手喜欢裸 K，因为看得太多了，看一眼就知道均线走到哪里了，MACD 是什么样子。经过大量地看图，可以发现，很多可以小亏大赚得方法。利弗莫尔的原话是："你要自己画图，不要让他们代劳。当你自己画图时，会思如泉涌。能慢慢建立符合自己性格的系统。"

第三步：实盘，练习执行力。一开始做到严格止损是很难的，能淘汰90% 的人，做到严格止损后，基本可以做到不怎么亏钱了，因为不可能大亏，都是小亏。就算你是瞎猜，正确率也不会太低，只要正确一次，就可以弥补很多次小亏。所以，这个阶段的人长期坚持很难大亏了，也就对轻仓止损真正有一些领悟了。但此时的风格，防守有余，进攻不足，要大赚还是做不到。

第四步：能够拿得住盈利单。因为你想要赚大钱，还要做到坚定持有盈利单，这比严格止损还难。就能再淘汰剩下的 9%，如果拿不住盈利单，也能小有盈利，但暴富是不可能的。如果不但拿得住盈利单，而且在明显的趋势中还能做到浮盈加仓，那么就攻守兼备了。利弗莫尔强调："我已经在华尔街摸爬滚打多年，赢过千百万美元，也亏过千百万美元，我要给你的忠告是：我之所以挣大钱，从来不是凭我的作为，而是始终凭我的无为。明白吗？凭我的耐心坚守……既能够正确判断，又能够耐心坚守，这样的人凤毛麟角。我发现，这属于最难学会的内容之一。"

所以，最后能剩下 1% 就不错了。

综上分析，一般普通人没有专业的条件去训练，都需要 3~5 年，而且还不一定成功。止损阶段承受的痛苦是巨大的，而第四步却决定了能不能暴富。以前有位高手每年都抓住几次大波段，有人问他怎么分析，他说：大波段都是试出来的不是分析出来的。所以，你要大赚就要忍受小亏，还要拿得住盈利单。有没有忍受回撤持有盈利单的心胸，决定了你有没有偏财运。

《走进我的交易室》提到过，心态占60%、资金管理占30%、技术分析占10%，如果你觉得分析很重要或者高手教给你方法就能赚钱，那么就大错特错了。如果没有坚定的意志力，没有严格止损的决心和忍受波动持有盈利单的耐心是赚不到大钱的。

以上是趋势类交易员的一般过程，具有一定的代表性。操盘是有很多风格的，有些人学习了其他的风格，但要练成也需要较长时间的磨炼，一般不会比趋势类风格容易。因此，我通常不建议周围的人操作期货，如果实在想做，就只用4.2节讲述的弯腰捡钱的机会。本章后面的几节内容，是为那些不甘平凡、不惧艰险和立志改变命运的人而写。

4.6　高盈亏比的操作机会

每当有人问我怎样做交易时，我都会耐心细致地解释胜率和盈亏比的重要性，并且着重强调盈亏比。听完我的讲解之后，有的人不知所云，还在问我怎样知道价格要涨还是要跌。也有少部分人会直接问我："那么，哪些情况下盈亏比会比较大呢？"，当他开始提出这个问题时，我就知道他已经听懂了，并且抓住了交易的要害。本节所写的方法，是在我看过大量的技术分析书籍，和很多职业交易员交流后总结出的一些高盈亏比的方法。同时，还附上了我在大量实盘中总结的一些戒条和信念。我特意把它们整合在一起，长期诵读，用于强化正确的交易信念。

青泽先生曾说："投资类的书肯定不是写出来的，而是在金融市场用钱堆出来的。我不敢说我的这本书有多少智慧，但是，如果有一点儿的话，那么就是用一点儿钱买来的，有不少的话，即是用不少的钱买来的。"

因此，本节内容，我从不愿意给其他人。即使遇到诚恳请教的人，我也舍不得倾囊相授、和盘托出。因为这是我多年的心血，每一条背后都有一次甚至多次亏损的经历。同时，我也担心看不懂的人因为得到得太容易，反而随意诋毁。

之所以要把戒条、信念与方法放在一起，因为前者更加重要。在《华尔街的幽灵》这本书中，一位被称为"幽灵"的交易高手告诫大家，每天早上应该诚心、敬意地重复自己的交易原则。这样在你执行交易计划时，才能做到完全的控制。

这是非常重要的，不要轻视信念的力量。不仅仅在期货交易中，在竞技体育、博弈类游戏当中，很多人不是输在方法上，而是输在意志力上。因此，交易员应努力提升自己的意志力和勇气，因为再好的方法，如果做不到，也是白搭。

4.6.1　戒　　条

一是每日强化自己的耐心和信念，长期而言，操盘靠它们。

二是只做胜率和盈亏比都比较大的机遇，严禁逆势开仓。若逆势，就金盆洗手，永远退出市场。

三是每日至少复盘一次，培养盘感。

4.6.2　方　　法

回测了很多品种之后，我发现以下方法是符合高胜率、高盈亏比的要求，今后我们应当像恪守戒律一样坚守操作纪律，像守护信仰一样坚定操作理念。

方法包括以下几条：

水平震荡区间突破（最好是长期小区间内的震荡，不然也会反复止损）。

重要均线支撑（需要趋势强烈）。

重要水平支撑。

较强烈、明显趋势中的反弹和突破。

大趋势后的反转。

善用市场的"陷阱"。

突破长期前高或跌破长期前低（海龟交易法则的开仓方法）。

开仓：混沌之中，有势存焉。在没有强烈趋势时，市场走势随机性较强，难以发现胜率和盈亏比很高的机会，强行介入也只能轻仓，容易沉迷于小机会，错失大机遇。每当趋势强烈时，我们内心对盈利的确定性很强，经常是介入前几个星期就预见到自己要大赚，并且介入后很安心。开仓应看大级别走势图，顺应强烈趋势寻找良好的介入点。在开仓之前，应分析趋势之强弱，走势之快慢、均线斜率、以往蓄势程度、大小周期、成交量。确保符合系统方可开仓，不符合系统或不确定时不开仓。盈亏比不好的介入点，即使胜率比较大也不宜开仓。

止盈：根据形态衡量盈利幅度。可以大幅度盈利作为止盈标准，同时兼顾少操作原则（操作越多，止损花费越多）。

止损：若止损次数太多，不如放弃该次机会。多次小止损导致的损失，足以覆盖一次大的盈利。

4.6.3 信　念

一是耐心是投资事业中伟大的品质。耐心的重要性远超过智商和知识。市场总会出现很多像送钱一样的简单行情，仅仅依靠强大的耐心就足以战胜市场中的绝大部分人，因为他们都急着赚钱，最终"自投罗网"。想想利弗莫尔耐心等待 6 周之后的必胜一击吧。

二是在市场获取巨大利润不靠解盘，而是靠评估整个市场和市场趋势。用周线、月线图看大方向，从小级别找介入点。大势上涨只做多不做空，大势下跌只做空不做多。

三是减少交易次数，放弃小鱼小虾，耐心等待胜率和盈亏比均较大的大趋势，其他时间稳坐不动。之所以小机会要一律放弃，因为做多了小机会会影响自己的格局。操作越多，止损越多，心态越受干扰。当你空仓等待时，那些认为每天都要操作的人正在为你的下一次盈利做储备。

四是盈亏比和胜率同样重要，不能因为相信海龟法则就轻视胜率。低胜率对本金和自信心的打击是巨大的，而高胜率有助于资金更快增值。资金管理策略仅仅是为自己提供了保护，而要获得成功必须在此基础上不断提高胜率。

五是试探时保持小仓位，不要加仓，只有得到盈利保护时才可以加仓，只有确定性很强的趋势才可以使用加仓策略。就算是确定性极高的图形，也有出乎意料的可能。

六是亏损的单子不加仓。严禁逆势交易，长期必然得不偿失。因为逆势已给投资者造成了巨大的损失，若不改正，如果自己损失大了，这个隐患会终结交易生涯。所以，从现在起严禁逆势，若再逆势，就金盆洗手，永远退出市场。

七是就算大势确定，如果没有好的介入点依然不操作。

八是墨菲法则，多想想可能发生的风险，少想可能得到的利润。

九是珍惜每一发"子弹"，建仓和加仓都要慎之又慎，宁可错过，不可做错，机会永远都有，本金却随时可能消失。

十是趋势策略只在有明显趋势时更优秀，趋势不明时只会反复打脸。所以，只做明显的趋势，或者等待长期横盘后的突破。

十一是不做过多地讨论，不羡慕他人非凡的成绩。非凡的成绩必然需要非凡的能力，否则不会持久。因为讨论和听信别人的意见导致的损失太大了，只要讨论就容易受他人意见的影响。利弗莫尔也曾被这样击垮过，并苦熬四年后才东山再起。

十二是拿不准时、无计划时不持仓。

以上是我自己总结的操盘方法。其中，"方法"中的内容，会在后面的章节中详细展开。文中之所以两次重点强调不要逆势操作，是因为期货走势延续性很强，逆势操作很可能发生无法挽回的损失。因此，操作基金、股票时，可以使用缠论第一类买点，做一把超跌反弹。操作期货时，要以顺势交易为主，就算使用第一类买点，也要顺应大趋势。比如，在大势向上时，做小级别回调的一买。切不可以大势看跌时逆势做反弹，否则可能被套得很深，以至于爆仓。

4.7　我常用的期货操作方法（一）

本节中介绍的方法十分简单，可是大部分人还是用得不好，或者有时好用有时不好用，这是需要深入探讨的问题。我认为，用那些最简单的方法就可以了，但要把胜利和盈亏比的思路融入进去、把资金管理做好，加上坚定的执行力，才是我们盈利的关键。

4.7.1 如何用好突破法

突破法是突破某个价位时开仓，是很多交易员使用的方法，著名的海龟交易法则就是根据突破法作为开仓信号的，有的人终生只用突破法，但是大部分人却用不好，二者的区别在哪里呢？

蓝海密剑访谈一位大赛冠军的节目中，主持人问："你使用突破法吗？"冠军回答说："只在趋势流畅和宽幅震荡时才用。"真是一语道破天机，突破法在这时比较好用，盈亏比比较大，胜率也高一些。遇到趋势不明显的震荡行情，假突破太多了，不停地止损，越做越胆小。这也说明，突破法在使用时，对行情有所选择，不是每次遇到突破都使用。

具体而言我们可以做以下分析。首先把趋势从强烈到不强烈大致分为以下三种情况：

情况一：如图 4-15 所示，在趋势流畅强烈时，突破法的盈亏比相对较大，实践中胜率也比较高。

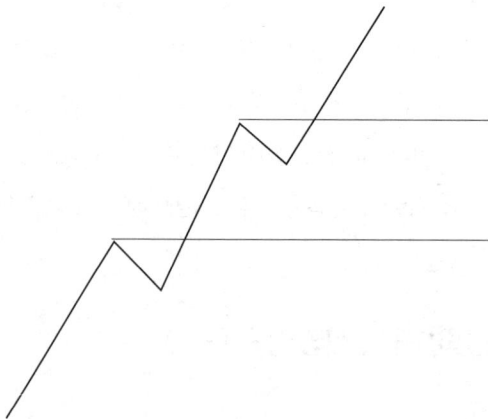

图 4-15　情况一

情况二：如图 4-16 所示，遇到不强烈的趋势，如果突破后有盈利就止盈，那么盈亏比较小，没有长期优势。如果突破后死拿，容易被止损。此时较难使用突破交易策略。

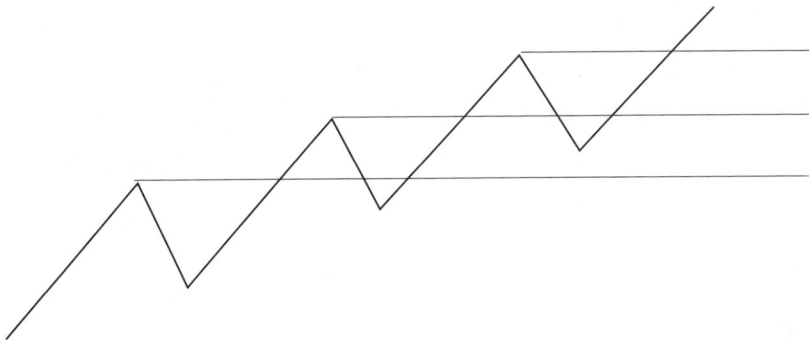

图 4-16　情况二

情况三：如图 4-17 所示，走势是凌乱的震荡行情，此时假突破比较多，走势随机性强，规律性弱，不适合用突破法。

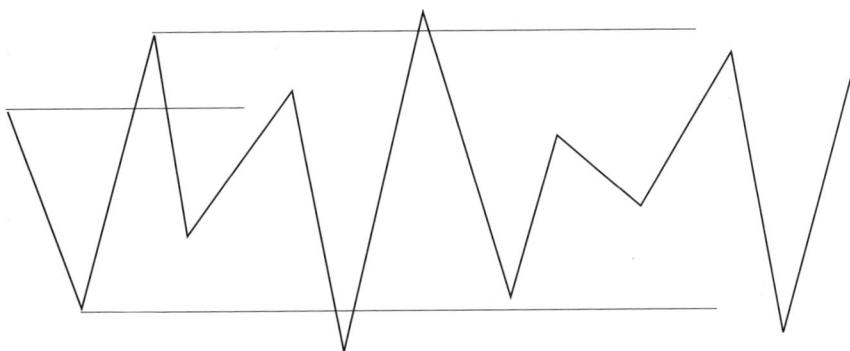

图 4-17　情况三

有位网友刚学会突破法，一遇到突破就买入，错了止损、对了死拿，连续半年稳步盈利，利润丰厚，经常在论坛炫耀，后来销声匿迹了。我发现他炫耀的时间正好是 2019 年底到 2020 年上半年期间，那时候市场恐慌走势比较剧烈。后来市场恢复平静，他发现突破法不好用了，以为是自己技术水平的问题，实际上是方法与行情不匹配导致的。

其实，期货操作难点不在于方法，方法往往是很容易学会的。难点在于在变化的行情中使用恰当的方法。假如我们能够预判什么时候是强烈的趋势，什么时候是震荡，那么就可以避开震荡，只在趋势强烈时操作。但这是很难的，突破法的难点就在于此。不过，我们可以通过大量复盘总结，可以在一定程度上提高能力，从而过滤掉一些走势不强烈的行情。

任何一种方法，要么使用的人在胜率上很厉害，十发九中；要么在盈亏比上占优势，一次赚的钱能弥补多次亏损。我属于后者。首先大量复盘，去总结那些高盈亏比的开仓机会，就是找出那些可能走出一大段的形态，然后再根据经验不断提高胜率。

以下是一些常见的、容易走出一大段的形态：

一是大级别严重超跌，或者出现底背离后，第一次突破震荡区间时介入。它和缠论的三买原理是一致的，但期货的延续性较强，我一般是突破时买入，而根据缠论一般是突破回踩时买入。方法虽然略有不同，但不是最重要的，重要的是执行力。缠师之所以注重止跌后第一次出现三买的情况，因为第一次出现三买时，发生主升浪的概率比较大。如果已经形成了两个中枢，那么后面的涨幅可能不多了。示意图如图 4-18 所示。

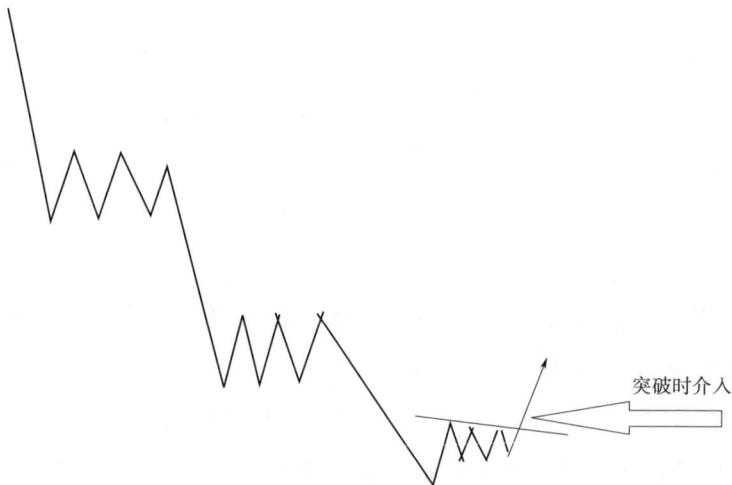

图 4-18　突破时介入

铁矿加权实例图如图 4-19 所示。

图 4-19　铁矿加权实例图

　　二是主升浪过后，出现震荡区间时，突破时介入。如果我们操作的品种所属板块也开启了主升浪，那么成功率更高。该操作的原理是：趋势一旦形成，不会轻易改变。尤其是主升浪的势能不会马上终结。如果判断错误，止损就可以了。示意图如图 4-20 所示。

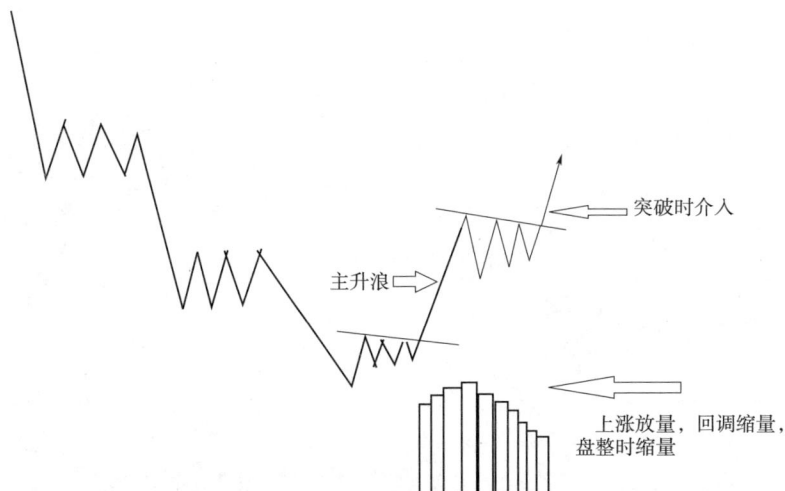

图 4-20　出现震荡区间，突破时介入

图 4-21 为用成交量的分析方法分析股票和期货的小级别行情。期货的大级别行情成交量受换月影响大，因此，可能有一定的失真，参考价值不大。

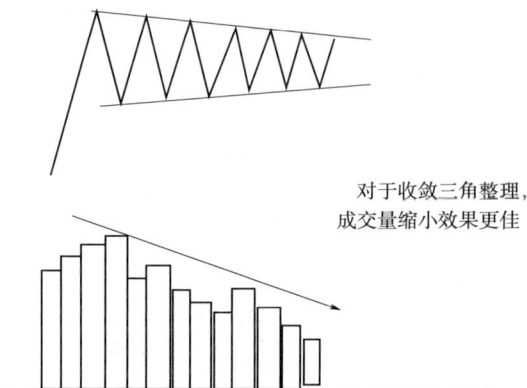

对于收敛三角整理，成交量缩小效果更佳

图 4-21　用成交量的分析方法分析股票和期货的小级别行情

三是处于历史高位，基本面不支持继续上涨，均线收敛，一旦向下突破，往往是大行情，如图 4-22 所示。如果整个板块都是相似形态，那么成功率更高，要择机采取浮赢加仓的策略以扩大战果（更详尽的分析将在 4.10 "期货屠龙术：浮盈加仓"中讲解）。

图 4-22　均线收敛并向下突破，往往是大行情

四是强势突破横盘震荡区间。强势突破常常表现为中阳线放量突破，如果是跳空突破，且不回补缺口，那么力量更大。

图 4-23 为甲醇日线图，是经典案例。价格 5 次触及 2 100 压力位，但都没能突破，说明 2100 是一个强压力。一旦成功向上突破，则可能向上走出一大段行情。

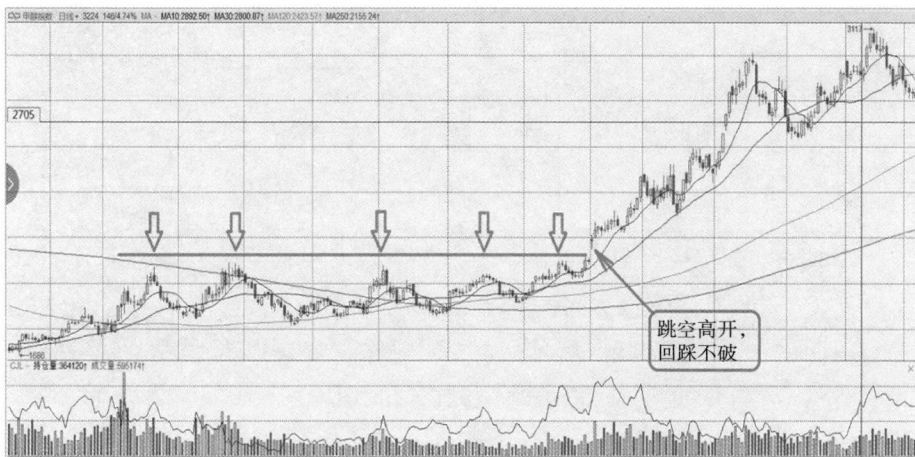

图 4-23　甲醇日线图

后期均线纠结后开始向上发散，在 10 月 8 日出现跳空高开十字星，此时可以介入，把止损位设置在前面 2 100 压力位（现在变成了支撑位）。后面几天我们看到出现了几根小 K 线，但都没有回补缺口，基本上可以放心地持有多单了。

这个例子还有几个明显的做多信号。在跳空高开前的三个交易日、国庆节长假之前，分别出现两根阳线一根小 K 线，说明资金看好后市，不然不敢在国庆节长假之前买进。10 月 8 日是国庆节长假后第一个交易日，10 月 9 日成交量明显放大，说明有些资金获利了结，但后面几天价格没有下跌，说明市场的购买力比较强，后面我们要耐心持有，争取吃到一大段涨幅。这些对市场各方面力量的分析，需要长期的历练。新手没有这个分析能力时，只要严格遵守交易系统，也是可以盈利的。

图 4-24 为橡胶 2 小时图。也是在春节假期之前走出一个横盘震荡形态。春节长假刚过,第一个交易日跳空高开,此时可以果断买入,以前期压力位(突破后变成支撑位)作为止损位。

图 4-24 橡胶 2 小时图

节假日后第一个交易日高开且回踩不破缺口,是很强势的表现。但后期出现一根长阳线时,成交量明显放大,说明很多人实现了换手。此时如果价格不能维持住,则可能转为跌势。这种情况和上面甲醇的例子正好相反,我们要落袋为安。新手如果无法判断则不去分析,严格按照自己的交易计划执行,长期也能做到亏少赚多。

为什么要选上面四种形态(情况)呢?因为前三种形态(情况)的趋势或势能比较明显,力度比较强,操作时胜率会高一些。比如第一种形态,严重超跌背离后,反弹的势能比较大,第二种形态,主升浪之后,延续的动能比较大,第三种形态,高位滞涨,如果不能向上突破,那么跌下去的可能性会比较大。第四种形态,长期横盘无法突破一个明显的压力位,一旦突破,则爆发力会比较大,就像物理学中势能经过长期压制转化为动能一样。缠师说过,技术分析要想发挥最大的威力,最好有三个独立的系统共同使用。我们散户研究基本面没有优势,但运用技术分析时,只要结合大级别形态,板块轮动,就可以提高一点儿胜率，减少一些损失。

上面分析并举例介绍了运用突破法的思路，后面主要介绍我自己主要在什么形态中使用突破法，其共同的关键是：突破后大概率走出一大段的幅度，这样我就获得了较大的盈亏比。如果你在实践中不断磨炼，可以逐步提高胜率。

4.7.2　发现关键位置

关键位置包括关键水平线支撑、关键均线支撑、关键趋势线支撑。如果价格对某条线多次测试都能撑住，那么这条线就有很强的参考性，每次回踩时，可以顺势操作，一旦有效跌破，则反向操作。我一般遇到三次回踩，则认定为关键位置。

1. 关键水平线支撑

上面讲到的"强势突破横盘震荡区间"，就是关键水平线支撑的用法。还有其他一些位置也是关键位置，比如长期历史底部、长期历史顶部。一旦有效突破或回踩时站稳，也是盈亏比很好的介入机会。

图 4-25 为 PTA 的月线图，图中的水平线是长期历史底部，PTA 价格曾经有两次跌到这个位置，都未能跌破，那么这个位置就是一个关键位置。

图 4-25　PTA 的月线图

2020 年期间，受恐慌情绪影响，原油出现猛烈下跌，有一个快到期的合约甚至跌到负油价。受成本端影响，PTA 也随之下跌。图 4-26 为 PTA 的日线图，PTA 在遇到 4170 的强支撑时，遇到一些抵抗，但经过整理，跳空跌破了该价位。这是一个明显的信号，此时放空，有盈利就死死拿住，错了就止损，盈亏比也会比较大。

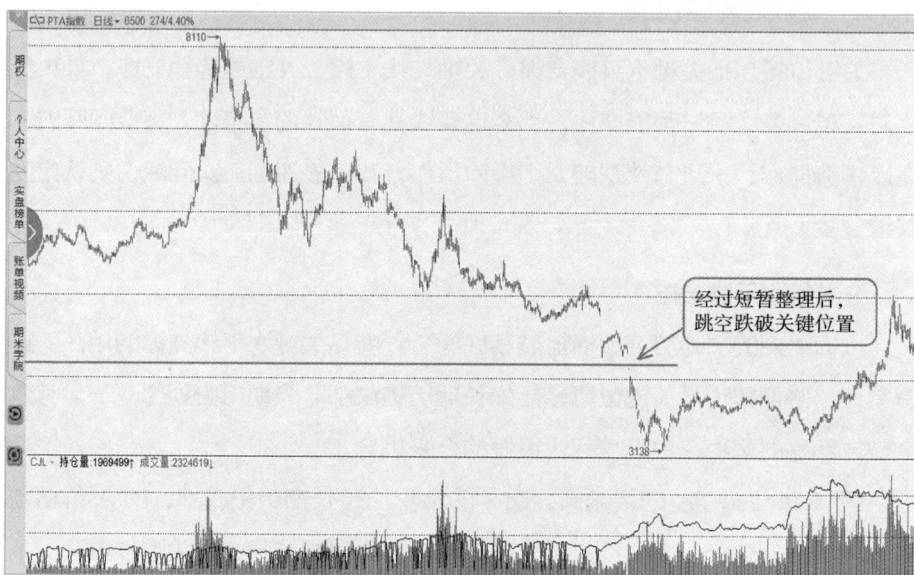

图 4-26　PTA 的日线图

在实践中，我们也会遇到一些假信号。比如，跌破某个关键价位后，马上又收回来，这是一种强烈的反作用信号。在 4.9 善用"市场的陷阱"中会讲述。

我也曾遇到一位用类似方法的知乎网友，他称这种方法为"摸二顶、抄二底"，图 4-27 为沪铜月线图。在历史顶部那个关键价位，做空，错了止损，对了就死死拿住。他说自己试过了无数种方法，曾经亏到绝望，那种绝望的感觉，想必很多期货人都体会过。最终他回归到了这种方法上来，一年操作三五次，开始了悠闲的生活。有些跟着他操作的人，因为没有他这样的执行力，虽然明白他的方法，却依然不能盈利。

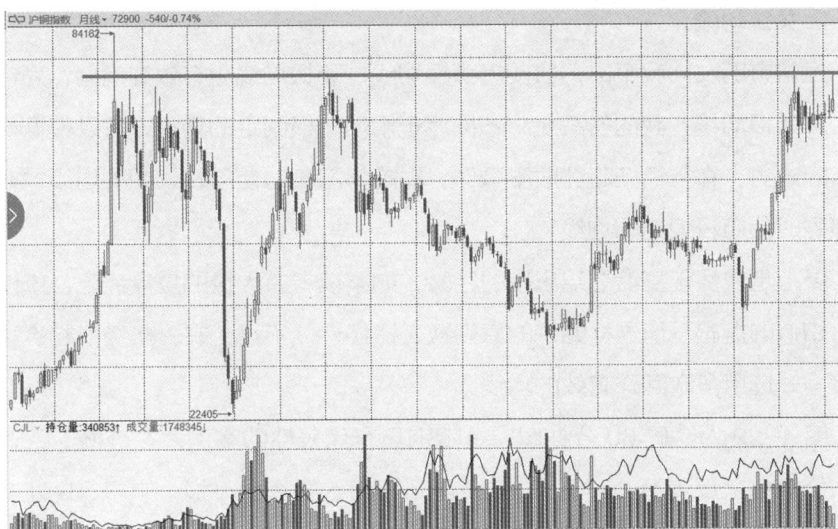

图 4-27　沪铜月线图

　　图 4-28 为棕榈油月线图，每次回踩到蓝色横线的历史低位，就会开启一段较大的涨幅。可以在这根横线附近建仓，如果跌破了就止损，如果没有跌破就死死拿一大段利润。

图 4-28　棕榈油月线图

2. 关键均线

经常有朋友问我平时习惯使用哪根均线、哪根均线更有效等问题？为什么要使用某根均线？我的答案是：不拘泥于用哪一根固定的均线，可以根据行情的实际走势，在行情无趋势时不操作，在趋势温和时使用较长期的均线，在趋势强烈时使用较短期的均线。

以上是我多年复盘总结出来的经验，如果读者有大量的复盘经验，应该与我有相似的盘感。但这样笼统的原则缺乏操作性。不过，有一条经得起检验的经验——选用多次回踩有效的均线。

图 4-29 为铁矿 60 分钟图，是特别具有代表性的案例。在价格下跌过程中，价格每次反弹至 30 均线，就会受到压力，要么出一根十字星（B 处），要么出一根倒 T 形 K 线（A 处），要么倒 T 形 K 线后紧接着一根中阴线（C 处）。那么这根 30 均线就是一根有重要参考意义的均线，我们可以等待价格突破该均线时做多。后来下跌趋势终结，价格反转上涨，在 E 处和 F 处，都出现了回踩 30 均线后撑住的 T 形 K 线，这是被 30 均线撑住的迹象，我们可以在这根 K 线出现时做多，以该 K 线最低价为止损价。

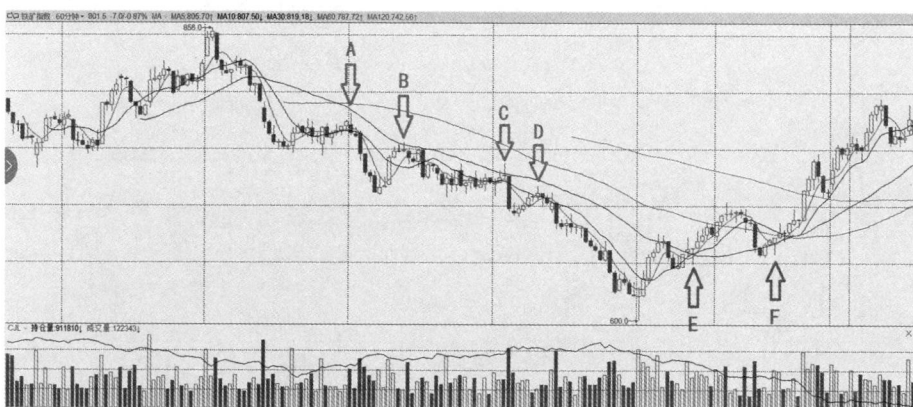

图 4-29　铁矿 60 分钟图

3. 关键趋势线

图 4-30 为螺纹钢日线图，我们看到，价格曾经三次遇到图中的趋势线

止跌，则该趋势线是一条关键趋势线。一旦强势跌破，则很可能展开一轮
下跌。

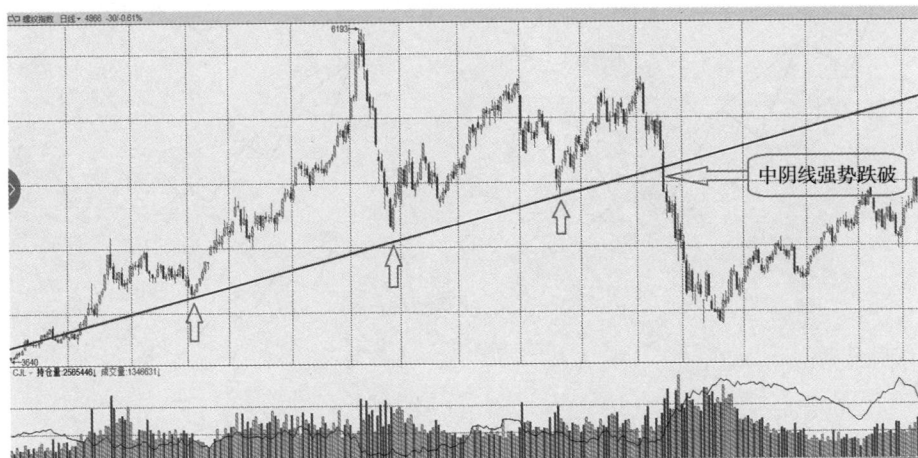

图 4-30　螺纹钢日线图

强势跌破既可以是跳空跌破，也可以是中阴线跌破。最好有相关品种共振。
比如，在下图中做空时，黑色系多个品种都开始转空了，成功率会大一些。

4.7.3　大趋势后的反转

道氏理论有一句经典名言：趋势不易改变。趋势一旦改变，短期内很难再
改变。我在第 2 章讲缠论时讲过走势必完美，运用这个规律，就可以制定出一
些简单的盈利策略。

比如在图 4-31 中，当走势突破下降趋势线时，未来可以粗略分成三种情
况：上涨、震荡、下跌。前两种情况都适合逢低做多，第三种情况在跌破下降
趋势线时止损，后面可以根据具体情况重新绘制趋势线。只要观察大级别图形，
在小级别找介入点，盈亏比就会比较好。

下面的走势图全都是周线图、月线图等长期图表。之所以选择长期图表，
是因为大趋势一旦改变，一般会发生扭转，短期内很难再改变，这样就给了我
们较大的盈利空间，盈亏比占优势。

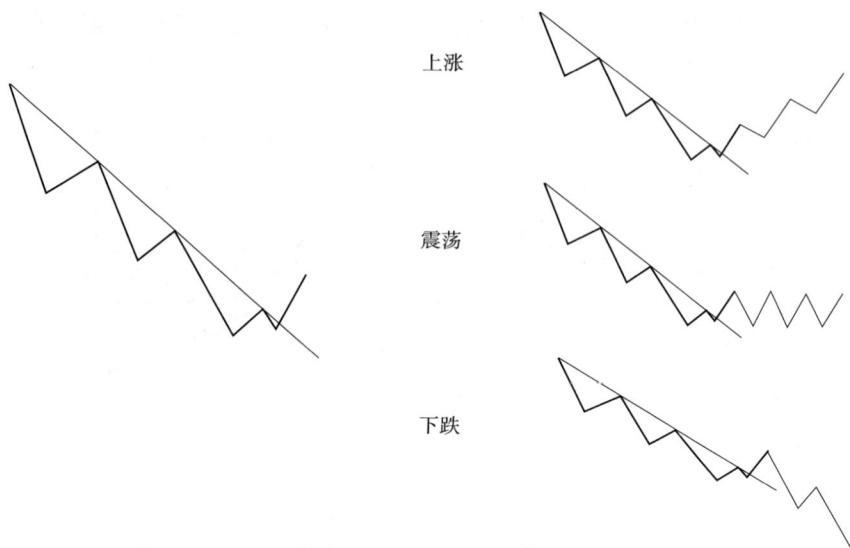

上涨

震荡

下跌

图 4-31　上涨、震荡、下跌三种情况

图 4-32 为是沪铜的周线图，在 34 000 点附近。

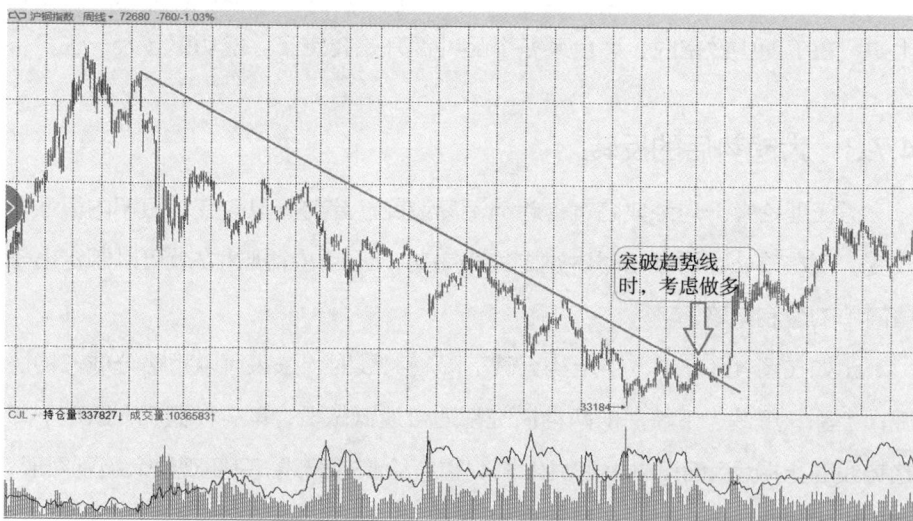

图 4-32　沪铜的周线图

有位擅长波浪理论的朋友，认为这样的 9 段下跌是很罕见的，预计沪铜会有一个较强的涨幅，有擅长基本面的朋友也开始逢低买入了。而我根据一条趋势线，以及缠论走势必完美的原理，就可以做出判断：只要行情不创新低，将来要么陷入震荡，要么反转。无论是震荡还是反转，都会是一个比较好的逢低做多的机会。这种技术面、基本面的共振机会，我们要特别珍惜。

图 4-33 为豆油月线图。

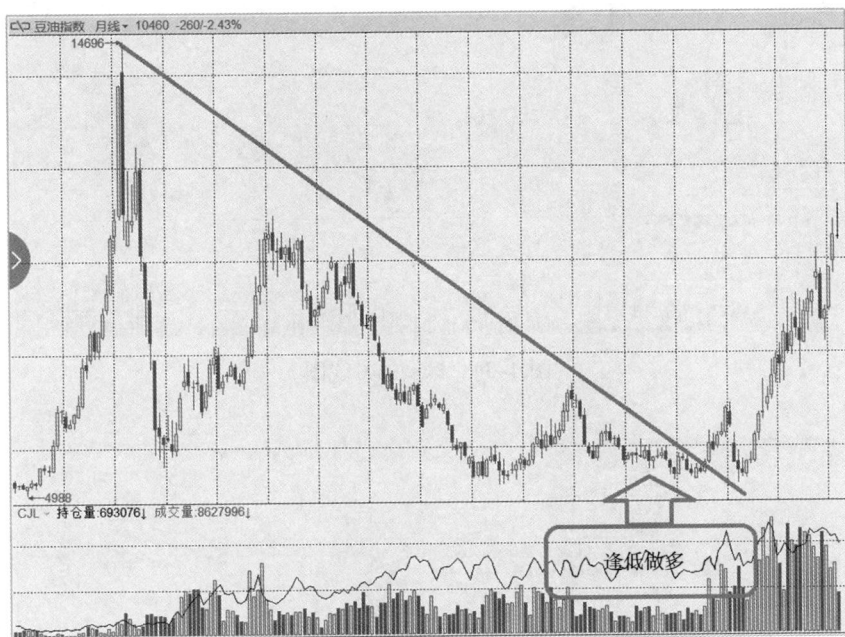

图 4-33　豆油月线图

有一位靠期货短线多次获得期货大赛名次的优秀选手，遇到大机遇时，也会做长线。他在豆油历史低位时逢低做多，如果豆油行情没有涨起来，就做好换月，坚定持有，到 2022 年获得了巨大的利润。当我看到油脂板块各个品种都是相似形态时，则会一直等待突破下降趋势线。后来不仅是豆油，还有棕榈油、菜油等，都是几乎相同的时间突破，这种多品种共振，有基本面支撑的机会，往往能够产生大行情。

图 4-34 为棕榈油月线图，与豆油月线图相似。

图 4-35 为苹果周线图，我是在 6 000 点附近逢低买入的，4.2 中有详细讲解，此处不再赘述。

图 4-34　棕榈油月线图

图 4-35　苹果周线图

4.7.4　较强烈、明显趋势中的反弹和突破

上面介绍的方法，为了提高盈亏比，用的都是周线图、月线图来寻找机会。这样的机会比较少，有些机会要等待很多年才能遇见一次。技术熟练之后，可以去日线图找机会操作，因为机会更多一些。较强烈、明显趋势中的反弹和突破的方法，不仅常常会遇到，而且适合做中短线——在板块共振出现流畅趋势

时，等待调整，调整突破时买入。这样的机会在日线图、1 小时图、30 分钟图和 5 分钟图都可以发现。该方法使用的前提最好是如下图所示那样有强烈流畅的趋势，期货走势的延续性要更强烈一些。

在遇到图 4-36 所示的流畅的趋势时，我们要特别珍惜。此时，我常常对朋友说，这时要各种做多："突破做多、回调做多，遇支撑做多，回调到均线做多，回调到趋势线做多，对了死拿，错了止损"。我经常使用的是靠一根短期趋势线来操作。

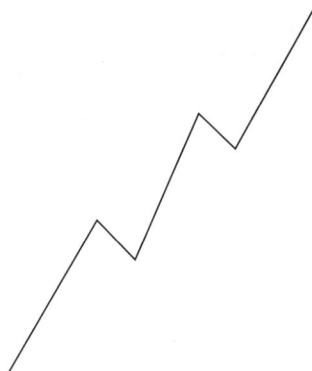

图 4-36　流畅的趋势

同时，我会到小级别去看走势图，等待走势出现整理形态。出现整理形态时，沿着整理形体上方的高点画一根趋势线，突破趋势线时做多。如果后面又跌破了该趋势线则止损。此时可以根据当下的情况重新画出趋势线，突破新趋势线时介入。因为趋势比较流畅，即使发生两三次止损，后续的一次真突破所获得的利润也常常能弥补原先的损失。如果出现了规则的整理形态，比如横盘整理，收敛三角形整理，则突破该技术形态上轨时介入，成功率更高，如图 4-37 所示。

图 4-38 为纸浆日线图，我们看到，图 4-38 中一根标志性阳线突破前期横盘震荡的高点后，预示着一波趋势的开启。在突破那天，我们是无法预料之后的趋势是否流畅，是否强烈的。但我们可以在趋势走出来之后，如果发现趋势强烈，则可以按本小节的方法操作。

如果跌破了原来的趋势线，则可以根据当下的情况重新画出趋势线，突破新趋势线时介入

重新画趋势线，突破再进

若形成了规则的整理形态，比如横盘整理，三角形整理，则在突破整理形态时介入

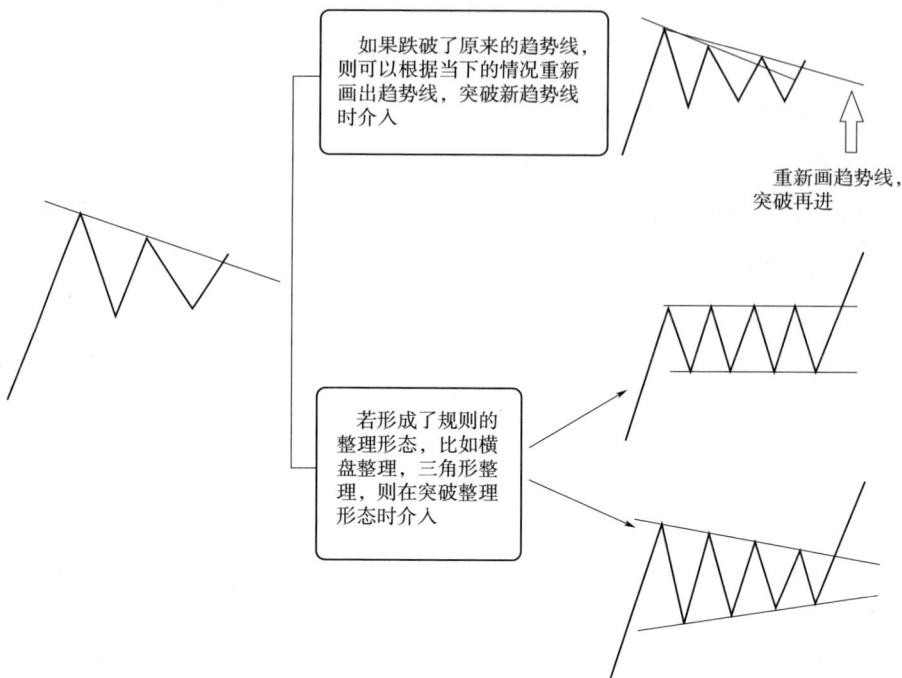

图 4-37　出现整理形态、横盘整理、收敛三角形整理时的介入方法

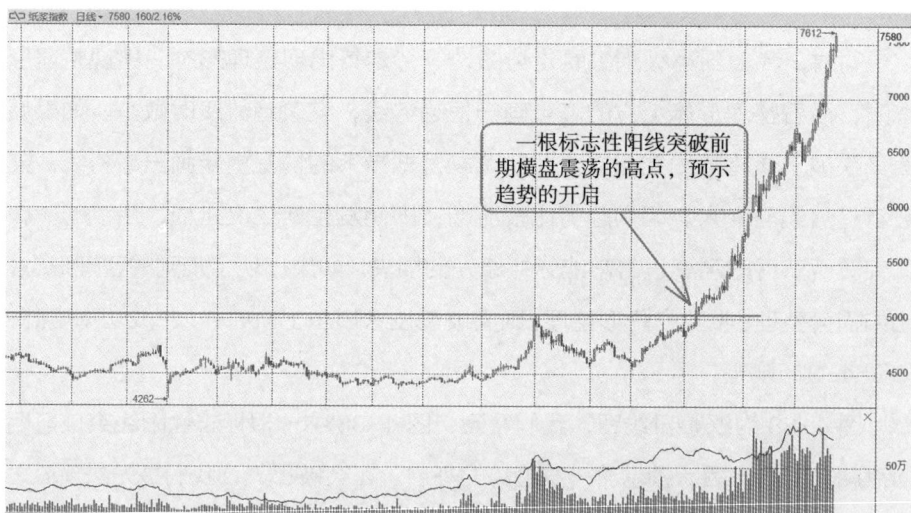

一根标志性阳线突破前期横盘震荡的高点，预示趋势的开启

图 4-38　纸浆日线图

图 4-39 为纸浆的 1 小时图。我们看到，在突破横盘震荡区间后，有很多次介入机会。在图中 A 所示的横线处，价格突破了前期高点，此时介入，会发生两次止损，但严格按计划执行，可以抓到后期的涨幅。B 处是一个不太标准的三角形整理，在三角形的上侧横线突破介入，会止损一次，再突破再进，则可以抓到后期的涨幅。C 处是突破了下降趋势线，D、E 是突破了平台高点。

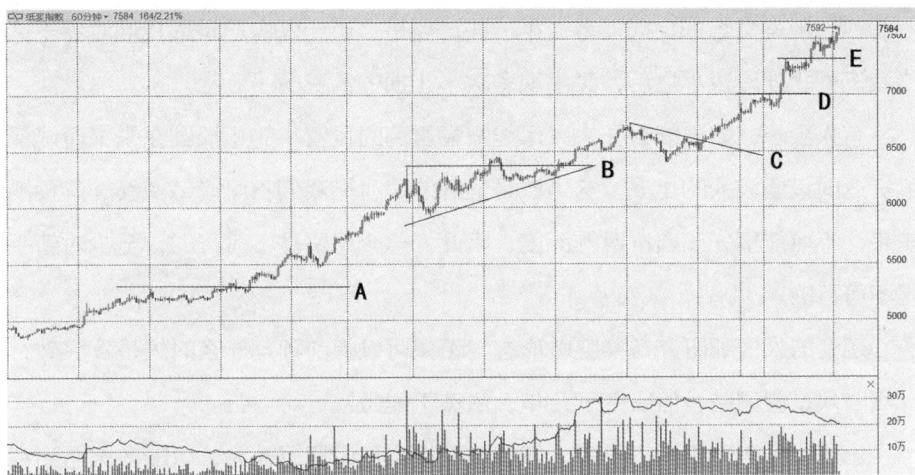

图 4-39　纸浆的 1 小时图

以上案例中列举的是成功的图形，实践中也会遇到失败的图形，可能导致止损 2~3 次后，依然没有抓到一大段涨幅。由于我们尽量选取具有板块共振时趋势流畅的品种，因此，胜率和盈亏比都具备较高的优势，经过长期的严格执行，能够做到亏少赚多。作为交易员／投资者不要计较一城一地的得失，我们要的是全局的胜利。

此处再次强调，并不是每次遇到整理突破都要介入，我们会精选那些板块共振的、趋势强烈流畅的品种，这样才能在胜率和盈亏比方面都具备优势。在上面的例子中，纸浆突破了长期的横盘区域，具备产生一波趋势的势能，此时各个商品也处于牛市的过程中，趋势延续的可能性很大。如果整个商品处于震荡市或者熊市之中，运用此方法时需谨慎。

4.7.5　如何止损、止盈

运用技术分析做交易的朋友，大都有过这样的经历：一开始自己把止损设置得比较小，实践中会多次止损，还不如把止损设置得大一些，这样可以避免很多次不必要的止损。当我们把止损设置大之后，又出现一次深度回调，正好打在我们的止损位，于是我们又后悔了，如果当初设置小止损，就不会有这么大的损失。如果这样大的止损多发生几次，那么将来赚的钱可能不够弥补现在亏的钱。于是又想把止损设置得小一些。可是，市场好像总是跟我们对着干，当我们把止损设置小之后，又出现多次小止损的情况……

有人会想，如果能够在未来可能窄幅震荡时设置小的止损；在未来可能深度折返时设置较大的止损，这当然是最好的。可惜我们不可能每次都准确预测未来，不可能事先知道折返的深度，因此，这个思路是不可行的，至少对新手是不可行的。

还有的人仔细研究各种突破形态，希望可以提前预判什么时候是真突破，什么时候是假突破，但研究了几年，依然不能赚钱。

止盈也会遇到相同的矛盾。如果我们把止盈设置得较大，可能多次遇到利润回吐的情况，如果我们把止盈设置得比较小，又会放走大行情。于是又有人觉得，在行情可能走出一大段时，设置较大的止盈，当遇到小行情时见好就收。可是正如上面所论述的，人不可能每次都准确预测未来，不可能事先知道未来行情的发展，因此，这个思路对新手来说依然是不可行的。

于是，很多人认为解决的办法是提高分析研判行情的能力，他们学习了大量的技术指标、技术形态、基本面分析方法……于是我们可以发现一个奇怪的现象，很多人明明懂得非常多，却赚不到钱，而有的人懂得并不多，却赚了大钱。

根本原因是他们努力错了方向。本书一再强调，解决大多数交易难题的思路是放大盈亏比，很多的问题，都可以通过放大盈亏比来解决，而且很多高手也是类似的思路，利弗莫尔是这样，斯坦利·克罗也是这样。

所以，止盈和止损首先要放在一个大的盈亏比的框架中来思考。没有大盈亏比这个前提，各种复杂的分析都是没有意义的。

对于止损，我的建议是经过大量复盘，找到一个自己习惯的止损幅度，这个幅度大小并不是最重要的，重要的是要坚持交易的一致性。也就意味着不要轻易改变。不要一会儿大，一会儿小。否则，虽然有时你会止损到心里很难受，但在有些时候，却可以避免几次大额的止损。如果你的止损幅度不断变化，很有可能发生的是：当你调小止损幅度时，市场让你多次止损，当你忍不住调大时，市场又让你发生几次大幅度的止损。因此，止损幅度的关键不在于大小，而在于一致性。当然，此处并不是说止损幅度完全不重要，过于小的止损和过于大的止损都是不合适的，要经过大量复盘找出一个比较合适自己习惯的幅度，然后一致性严格执行。

止盈是一个比止损更难的问题。技术分析书上有很多看似有用的方法，比如遇到前期压力位止盈、遇到背离止盈、遇到巨量止盈等。这些方法都有一定效果，但都是以预测为前提的，如果把心思完全放在预测上，很容易像大多数失败的交易员一样，变成懂得越多，越无所适从。

前文提到，止损和止盈都是放在一个大盈亏比前提下分析的。即只有那些未来可能走出一大段的机会我们才重点参与。所以，止盈的一个原则就是尽量长期持有，持有到大赚为止。大部分人的体会是，如果收获利润时，不及时止盈，很容易看着到手的鸭子飞了。可是，你是否想过：为什么《股票大作手回忆录》中利弗莫尔要格外强调坐得住，用较大的篇幅讲述老帕里奇与其他人思维方式的不同？为什么良风有幸多次强调大钱都被那些"看着到手的鸭子飞了"的赚走了？为什么《华尔街的幽灵》中被称为"幽灵"天才交易员也有类似的主张？

我很难通过文字向你解释清楚其中的原因，但你要知道，我这样说，有我深刻的体会和理解。某论坛有一篇《期货这项最好的事业竟成了绝大多数亏损的根源》的帖子，水平非常高。作者谈到如何止盈时，坦诚说他做交易这么多年，并没有太好的止盈办法，但坚持大幅度盈利时止盈和时间止盈两项原则。我看到他这样说时产生了不小的共鸣，因为我知道他在说什么。

这是一个非常重要的道理，执行起来却非常反人性。这种思路与常人的思维方式相悖，但却是正确的思路。我在第 5 章会通过很多故事来说明其中的道理。

4.8 我常用的期货操作方法（二）

我作为全职投资者，不仅要不断地复盘和总结，还要不断地学习，因为从业越久，越觉得自己渺小。毫不隐瞒，本节的方法是我从网名为"hazzj8"的高级工程师那里学习并得到启发，然后用于投资实践，再不断地总结和探讨，变成自己的方法。比如，我会与三重滤网进行对比，并讨论为什么要改进。因为只学会方法相当于死板地学习套路，只有在实战中不断磨炼出的功夫，才能在博弈中获胜。具体策略如下：

一是建立交易系统。它是做期货的必经阶段，是必须遵守的纪律，但有了交易系统也不一定成功。因为交易系统建立后仍需不断完善和突破。

二是通过周线和日线辨别趋势，以周线为主，日线为辅。参考 SlowKD 指标，周线在低位金叉出现，那么上涨趋势可以认定形成，在高位死叉出现，可以认为下跌趋势形成。以周线定方向，做中长期的趋势，非短线，更不做日内。我把 2~3 周定义为长线。

三是以周线定方向，以日线定进出点。这是很多人的做法，我也是这样做的。虽然说起来容易，但执行起来却很难。这也是许多人悟到了却不赚钱的原因。这个法则必须活学活用，否则也会把你套牢。在趋势刚形成时，这个策略很有成功率。但到趋势晚期时，趋势即将逆转，我们就必须有敏锐的感觉，不能再顺这个趋势加仓，而应该逐步平仓。这点要求你有好的技术功底，还要有良好的心态，利润要放弃一些，要懂得舍。因为趋势常常在不经意时，已变成相反的方向。有了系统，遵守系统，但不能被系统束缚。这是一个突破，没有这个突破，悲剧就会发生。

四是轻仓。在趋势未明时，极轻仓试探是必需的，因为世界上没有百分之百的事。待趋势确立，有利润了，那么就可以加仓，不急不躁，慢慢加，确保安全。我一般不超过七成仓。超过七成，我会随时注意降低仓位（注：这里的七成仓应该是多个品种的总仓位。单个品种一般不会有这么重的仓位）。

上面的四点策略，也许很多人看后还是无从下手。不必惊慌，交易本是如此，交易中那些大原则、大方向是共通的，细节需要自己在实践中打磨。能用语言表达出来的只是死板的套路，能获得良好实战效果的往往是在遵守大原则的前提下，根据具体走势适当灵活运用。我在写本节内容时，深深地感受到"书不尽言，言不尽意"的难处。虽然我努力配图想把一些方法解释清楚，但能够感觉到一些灵活运用是难以传授的，只希望读者可以大量复盘，当量变引起质变时，一些只可意会不可言传的招式就学到手了。

因此，下面我把它们分成几个部分来分析——它遵守了大部分交易高手共同的原则：大周期看方向，小周期找介入点，不追求过高的胜率，轻仓操作。

4.8.1　判断大势

SlowKD 指标是经过处理的 KD 指标。我们很多人对 KDJ 指标比较熟悉，KD 指标就是把 J 去掉的指标，而 SlowKD 指标经过一些处理，可以减少一些交易信号。

我们通过大量复盘可以发现，该方法对流畅的大趋势几乎都能抓住，但在震荡行情中或者走势不够流畅时，会发出一些错误信号。如图 4-40 所示，红框表示成功地抓到了很多流畅的趋势。绿框表示不太好的信号或者错误的信号。

不太好的信号是指 SlowKD 指标出现金叉时价格横盘没有大幅度上涨，或者 SlowKD 指标出现死叉时价格横盘没有大幅度下跌。错误的信号是指 SlowKD 指标出现金叉时下跌，死叉时上涨。

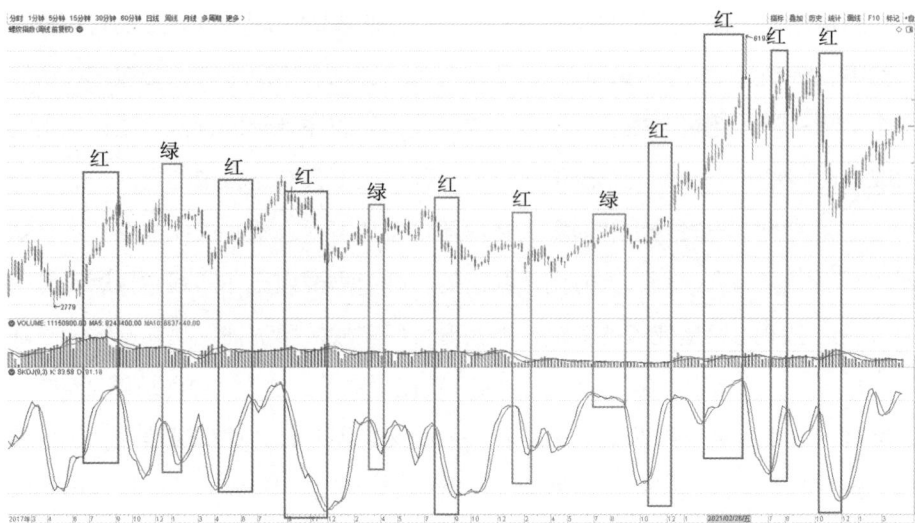

图 4-40　抓住大势的同时会出现一些错误信号

　　现实中，没有任何技术指标可以百分之百准确。虽然 SlowKD 指标有时会出现不太好的信号或错误的信号，但幅度都不大。一旦出现流畅的大趋势，SlowKD 指标都能给出明确的信号。行情越大，趋势越流畅，SlowKD 指标的信号越准确，这是 SlowKD 指标的最大优势，因此，这才是交易员获利最丰厚的时刻。那些失败的交易员，大部分都是做了三五年连一波大机遇都没抓住过。因此，从 SlowKD 指标在周线图的表现而言，作为判断大趋势的工具已经足够了。

　　如果交易员通过大量的复盘，甚至结合一些基本面的知识，可以更准确地把握趋势。工程师"hazzj8"说的有了交易系统还要有所突破，就是这个道理。如果死板地按照金叉、死叉来判断趋势，在遇到不好的信号时，回撤会让人难以忍受。如果遇到某个品种长期没有流畅的趋势，那么交易员的资金会长期回撤，这对投资者内心的折磨是非常大的。

　　工程师"hazzj8"在判断趋势时，主要选择高位的死叉和低位的金叉，对中间位置的金叉或死叉适当过滤，因为高位和低位的信号成功率更高一些。而且她对周线和日线是合参的，多看一个周期的图形，视野更全面。我在实践中有时遇到周线级别顶背离或底背离，会认为是更加有效的信号。这都是我们在实践中的一些优化。

4.8.2　寻找介入点

我有时会从 15 分钟图找介入点，介入级别越小，介入的位置也越精准，止损也越小，但错误的次数会相对多一些。介入的级别越大，介入的位置相对滞后，止损也较大，但错误的次数会相对少一些。具体如何介入，可以根据自己的实际情况而定。如果你可以全程盯盘，而且不喜欢大止损，那么可以从更小的级别介入。

如何介入呢？下面以 SlowKD 指标金叉为例，当金叉时，判断未来趋势向上，于是择机做多。此时，小级别前期的走势大致可以分为三种情况：上涨、震荡、下跌，示意图如图 4-41 所示。

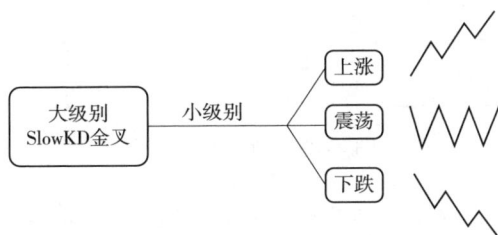

图 4-41　SlowKD 指标金叉

情况一：如果小级别前期是上涨走势，则在上涨回调时做多，如果错了就止损，止损后根据后续走势情况择机再进。只要不止损，就死死拿住一直到大幅度盈利为止，或者到周线 SlowKD 指标死叉为止，如图 4-42 所示。

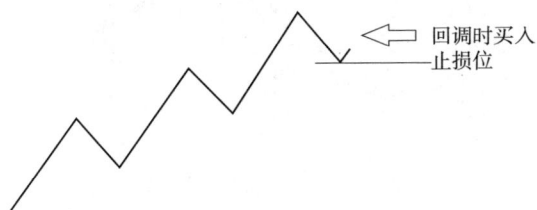

图 4-42　情况一

　　有时会遇到上涨不回调的走势，此时可以在更小的级别，比如 1 分钟级别寻找上图中的介入位置。虽然本级别没有回调，但次级别一定有回调，可以在更小的级别回调突破时介入。图 4-43 为 PTA 的日线图，走势很流畅没有回调的介入机会。

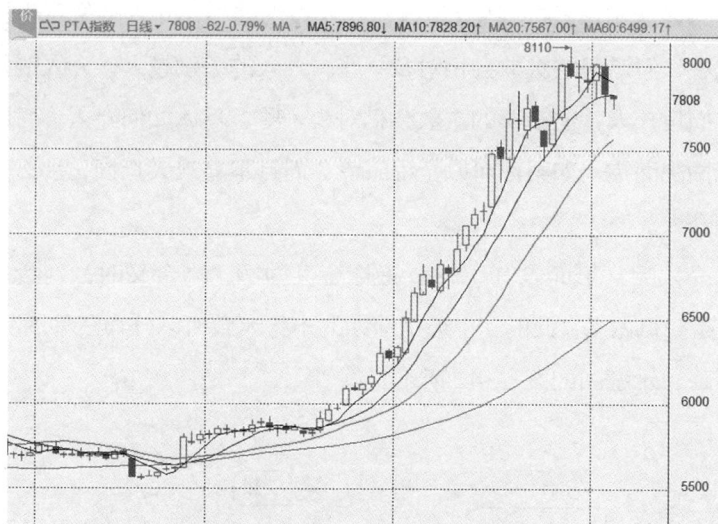

图 4-43　PTA 的日线图

　　但是从 15 分钟图看，有很多突破介入的机会，如图 4-44 所示。

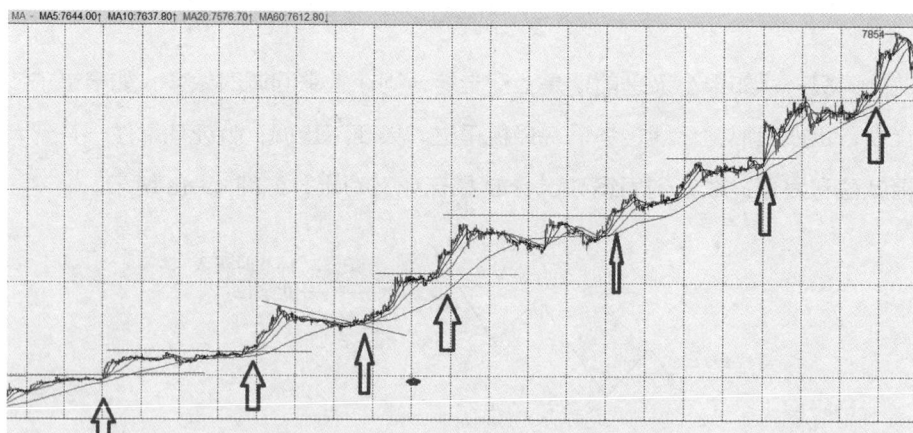

图 4-44　15 分钟图的突破介入机会

情况二：如果小级别前期是震荡走势，那么回调到震荡区间下轨时介入。或者突破震荡区间时介入。错了就止损，止损后观察后续走势择机再进。只要不止损，就死死拿住一直到大幅度盈利为止，或者到周线 SlowKD 指标死叉为止，如图 4-45 所示。

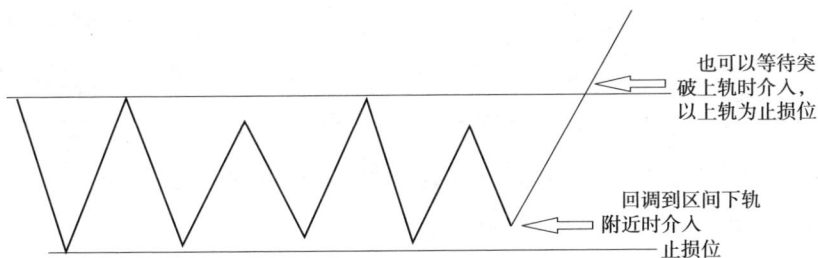

图 4-45　情况二

情况三：如果小级别前期是下跌走势。那么耐心等待小级别终结后，转化为震荡或者上涨走势后按上面两种方法介入，如图 4-46 所示。

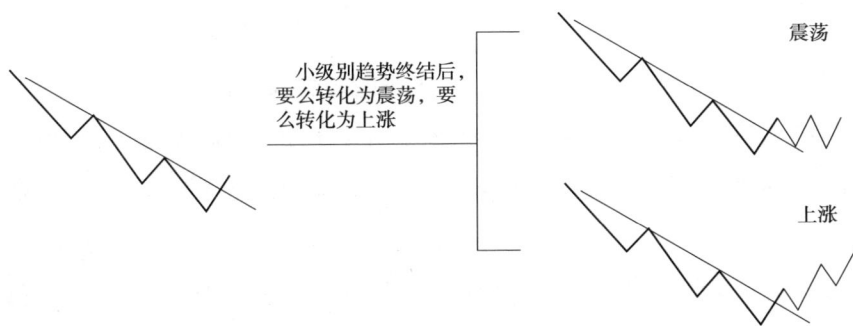

图 4-46　情况三

以上的介入方法，读者可以根据实际走势灵活运用。核心只有一条：用较小的损失捕捉到趋势。在实战操作中，不要害怕止损，也不要在多次止损后失去信心。行情往往在你准备放弃时产生。从我询问的这位工程师来看，她的胜率并不高，她并不关心胜率。趋势交易者一定要有用小亏换取大赚的思路。前期的小亏就像做生意需要付出的成本，是无法避免的。高手无非是经过多年的实战，可以比新手稍微少亏一点儿，多次止损时忍耐力更强一点儿。

4.8.3　资金管理

对于趋势跟踪风格，轻仓是必需的，不能在试探出趋势之前，把本金亏光了，最终眼睁睁地看着趋势来临，反而无法开仓，倒在黎明前。建议新手在大量复盘之后，先用极小资金操作，逐步体会那种多次"打脸"，但最终抓到大行情的过程。一波周线级别的趋势要持续好几个星期。这个过程是漫长的，是煎熬的。轻仓操作可以稍微减轻这种痛苦。当新人抓住几次大趋势之后，他的观念会发生变化，甚至有一种顿悟的感觉。他会突然明白无数经典交易书籍中所讲的精髓，从此他的交易风格会脱胎换骨。他不再过于关心胜率，不会去挖空心思预测市场，不会每天去查询各种财经新闻，不会每天担惊受怕……

此后可以适当加大仓位来操作。因为你的信念已经十分坚定，执行力也非常好。但这个过程，要经历过几次大行情，至少需要一年多的时间。

资金管理是交易中非常重要的内容，为了提高资金利用率，并且使资金收益曲线更加平稳，可以多品种操作。比如，一次选择三个不相关的品种——化工品选一个，黑色系选一个，农产品选一个，总仓位不要超过50%。这样当化工品和黑色系处于震荡时，可能农产品正在发生趋势行情，不至于资金全面回撤。注意不能全部选择同一种类的品种，比如同时选择豆油、菜油、棕榈油。因为同一种类的商品的走势有一定的相关性，这样就失去了分仓操作的优势。

读者还可以学习凯利公式和2%6%法则，感兴趣的朋友可以自己去查阅，我这里不再赘述。我现在没有严格按照凯利公式和2%6%法则进行操作，因为我会根据行情的预判适当分配仓位。但初学者学习以上规则，对拓展思路十分有益。

4.8.4　浮盈加仓

在遇到行情震荡时，我们会因为多次止损导致一些损失，有时候损失会比较多。这些损失常常在出现流畅强烈趋势的时候全部赚回来。如果不懂得浮盈加仓，那么最终在趋势中的盈利减去震荡时的损失，可能利润并不可观。因此，在出现明显强烈的趋势时，要学会浮盈加仓。

浮盈加仓是一项有一定技术难度的操作，但经过大量复盘，是可以提高成功率的。尤其是在各种板块共振，趋势强烈明显，基本面配合时。在设置好止损的前提下，我每次回调都可以大胆加仓。在我遇到强烈明显的趋势时，我常常兴奋地对朋友说"快加仓，回调加，突破加，站稳均线加，站稳支撑加，突破压力加，各种加、加、加……"事实证明，这个时段常常是几个月中盈利最丰厚的。

常用的加仓方法（以上涨为例）如下：

回调到重要均线时加仓，如图 4-47 所示。

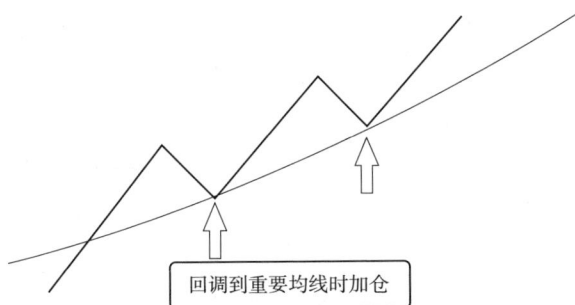

图 4-47　回调到重要均线时加仓

回调到水平支撑位时加仓，如图 4-48 所示。

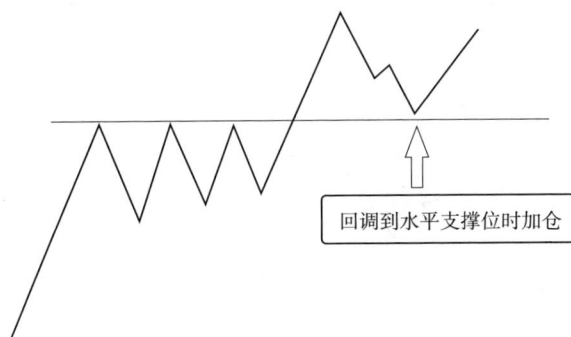

图 4-48　回调到水平支撑位时加仓

回调到重要趋势线附近加仓，如图 4-49 所示。

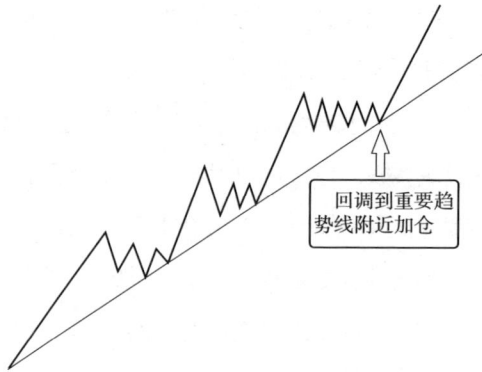

图 4-49　回调到重要趋势线附近加仓

突破重要压力位时加仓，如图 4-50 所示。

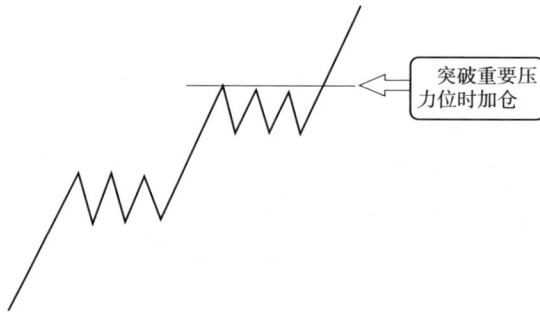

图 4-50　突破重要压力位时加仓

在重要支撑位附近出现缠论一买时加仓，如图 4-51 所示。

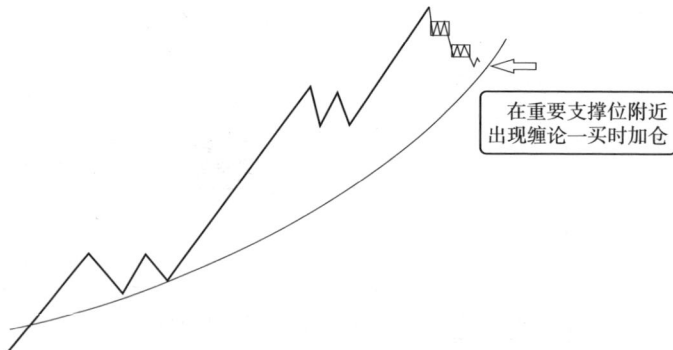

图 4-51　在重要支撑位附近出现缠论一买时加仓

盈充收缩是趋势跟踪的基本原则之一，它是指通过对仓位进行管理，确保在市场对我们有利时，仓位是较大的；在市场对我们不利时，仓位是较小的。掌握加仓的火候，有一定的难度。初学者可以在熟练之后再使用。这是使用好这个操作策略的一个重要因素。有些人做了一段时间后不能坚持，或者盈利很少，就是因为没有掌握加仓的技巧。

除了浮盈加仓，当出现自己熟悉的高胜率技术形态时，还可以做短差。总之，让成本朝着自己有利的方向运行。注意，必须是遇到自己熟悉的高胜率技术形态时才做短差，不是每天在那里倒腾。

4.8.5 与"三重滤网"交易系统比较分析

亚历山大·埃尔德著有《以交易为生》《走进我的交易室》等书籍，本节上面提到的关于资金管理的 2%6% 法则就是出自他的书籍。他还创建了著名的"三重滤网"交易系统。这个交易系统的用法在网上就可以搜索到。主要内容是三个周期联立——大周期看方向、中周期等待价格回拉和小周期顺势介入点。比如，根据周线 MACD 判断大趋势，如果大趋势向上，那么等待日线 KDJ 死叉后，最后等待在 1 小时级别 K 线图突破某个压力位时介入。感兴趣的读者可以从网上详细了解"三重滤网"交易系统，作者对开仓、止损、止盈的方法都做了详细的规定，操作信号非常明确，很有借鉴意义。

"hazzj8"的方法，与"三重滤网"的思路是一致的，都是大周期看方向，小周期找介入点。但具体操作上没有详细讲解，我按照自己的操作经验进行了详细地补充。

操作系统本身是很个性化的，它会结合每个人的特长。因为市场是千变万化的，用一个固定的系统，去应对无限变化的市场，未免太呆板了。我提出该观点是需要较大勇气的。因为该观点与海龟交易法则的观点有些相悖，海龟交易法则认为应该严格执行交易系统，但海龟交易法则的创始人理查德·丹尼斯的失败证明，这种思路是不可行的。

亚历山大·埃尔德出版后续作品时，用 250 日均线代替了周线 MACD。或许他发现，判断大趋势并不需要太复杂的指标，用最简单的均线就可以判断趋势了。我们在实践中也经常发现，无论用什么样的指标，无论复杂还是简单，长期来看判断的正确率都差不多。因此，与其使用复杂的指标，不如用简单的指标更省事。这说明亚历山大·埃尔德也会不断地改进自己的系统。而且我发现，很多成功的交易员都是把系统修改得越来越简单，同时自己运用该系统的能力越来越强。就好像上学时老师说的：先把薄书读厚，再把厚书读薄。

我运用系统的核心只有一条：高胜率、高盈亏比。由于高胜率难以追求，因此，我更多的是强调高盈亏比和别太低的胜率。如果死板地按照 SlowKD 指标去判断大趋势，会出现时对时错的现象。随着实践经验的提升，可以自己总结出判断大趋势的方法，过滤掉一些无效的信号。有时通过基本面可以对大势得出明确的结论，此时也不需要靠指标判断大势。甚至有时出现某些高胜率形态，只看 K 线图，不依赖任何指标，也比一些初学者依靠指标判断得要准一些。此时我们就不需要运用指标了。

我现在不依赖 SlowKD 指标，主要依靠大级别形态、商品的群体性运动、基本面来预判可能出现的大趋势，然后从小级别介入。SlowKD 指标曾经是我的拐杖，当我自己能够跑起来时，就不需要拐杖了。

我并不是鼓励大家操作时随心所欲的主观操作，只是为了防止被系统束缚。我们看到期货大赛的数据，在趋势强烈时，很多趋势跟踪的交易员都获得了盈利，但有的人可以让资金翻几倍，有的人获利较少且前期回撤大，这就是不同的交易员对系统运用的熟练程度、对机会把握的能力的区别所导致的。

对于初学者来说，一定要严格执行系统来操作，因为它是交易的基本功。只有在拥有多年交易经验之后，才会发现自己参考的东西越来越简单，越来越接近本质，达到无招胜有招的境界。

4.9　善用"市场的陷阱"

当某项技术深入人心时，这项技术的效果就会大打折扣。我们去书店看关于西方技术分析的书籍，会发现大部分内容都差不多。传统的那些技术分析方法，现在用起来并不像当初那么有效了，尤其是在小级别走势图，假信号更多。不过，在我们确认假信号之后，只要反向操作，反而是成功率较高的开仓机会。

4.9.1　失败的顶部形态

传统技术分析的顶部形态包括头肩顶、双重顶、三重顶、圆弧底等。一般而言，顶部形态形成之后，价格跌破颈线之后至少会继续延伸到与顶部相同的距离。

图 4-52 为双重顶和头肩顶图形，价格跌破红色的颈线后，继续向下的高低 H_2，常常至少要达到上方 H_1 的高度。因为顶部形态的形成是比较困难的，能够形成顶部形态，说明经过多空双方的博弈，空方战胜了多方。尤其是跌破颈线后，更加明确地说明趋势已经反转，新的趋势已经产生。所以会延伸出较长的一段距离。

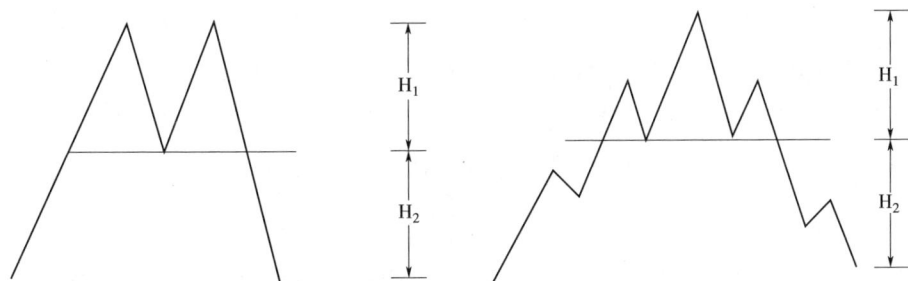

图 4-52　双重顶和头肩顶图形

颈线是一个重要的心理价位，是一个重要的关口。假如跌破颈线后，又很快收回，这需要一个十分巨大的做多动能才能收回。此时依托颈线做多，常常是一个高胜算的机会。

图 4-53 为玉米日线图。

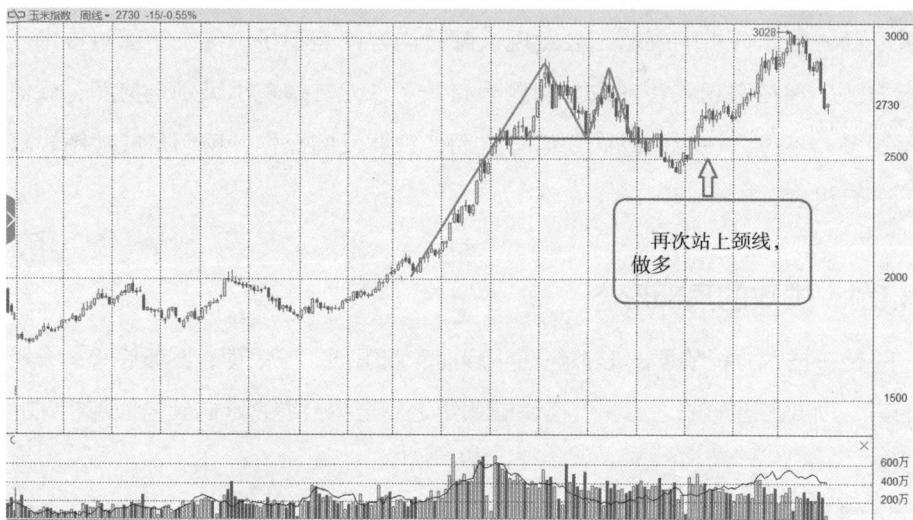

图 4-53　玉米日线图

由图 4-53 可以看到，经过长期上涨后，玉米价格到了历史高位，并且形成了一个双重顶形态。一旦跌破颈线，传统的技术派就会做空。但做空不久价格又收了回来，说明下方有一个很强烈的做多动能。站稳颈线后，可以开仓做多。对于传统的顶部形态，比如头肩顶、双重顶、三重顶、圆弧顶等，它们本来是见顶看跌的信号。如果价格大力突破这些顶部形态，则要转变观念看涨。在图 4-53 玉米的双重顶上，也是一个关键的价位，后续一旦突破，也可能展开一波行情。不过，事后我们看到，玉米突破双重顶后，上涨幅度不大，如图 4-54 所示。

没有任何方法的正确率是百分之百的，如果走势与我们的预期不一致，在玉米价格跌破双重顶时，则要严格止损。

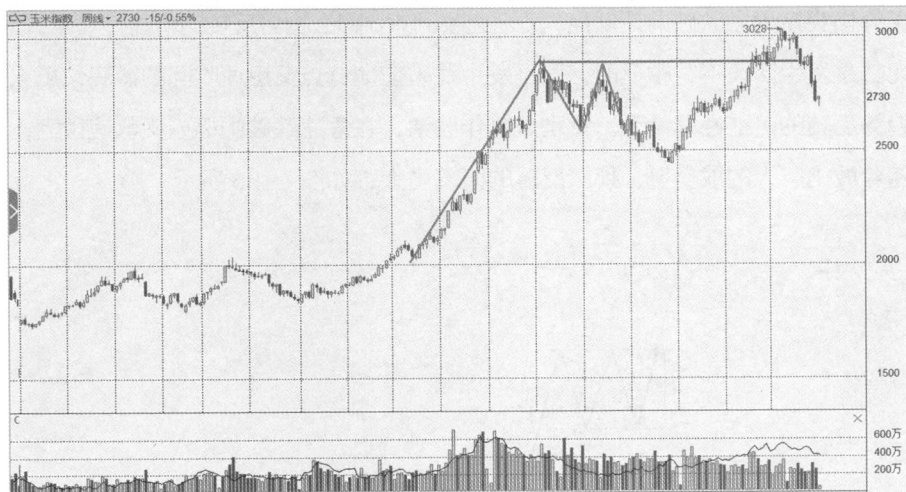

图 4-54　玉米突破双重顶压，上涨幅度不大

图 4-55 为棕榈油的日线图，它是一个成功的突破双重顶的形态。价格在突破了一个日线级别的 M 顶之后，开展了一波流畅的趋势。突破之后有一个回踩站稳的形态，信号的确定性更高，更加值得我们介入。

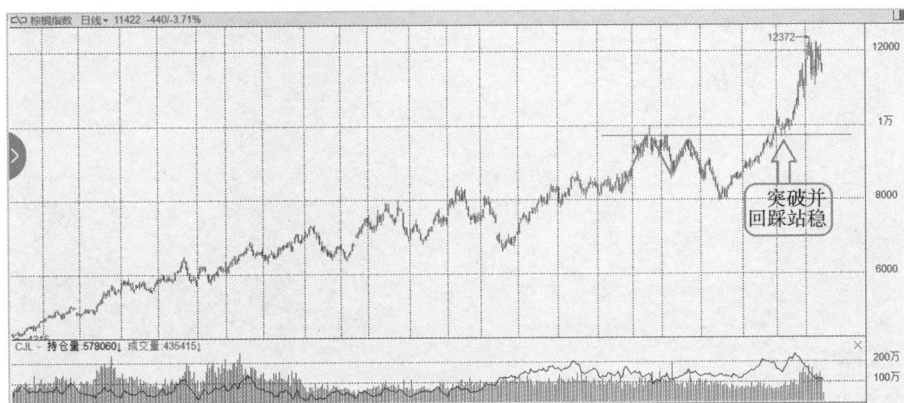

图 4-55　棕榈油的日线图

4.9.2　空头陷阱与多头陷阱

在缠中说禅最早提到缠论一买时，是指空头陷阱。在下跌出现背驰时，如

果价格突然大力跌破前期低点，又迅速收回来，那么趋势反转的可能性非常大。尤其是发生两段下跌中枢时，一旦发生跌破前期低点又迅速收回的情况，那么趋势反转的可能性非常大。特别是操作股票，在急速跌破中枢后又急速拉回，随着放出巨大的成交量，那么反转的概率更大，如图 4-56 所示。

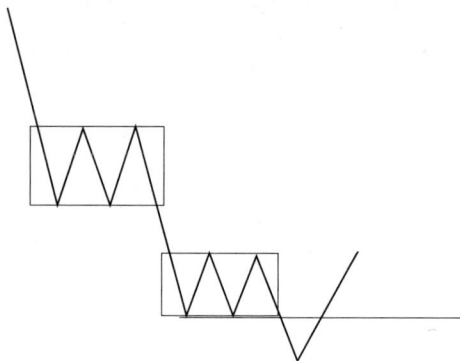

图 4-56　出现趋势反转

图 4-57 为白糖行情走势。

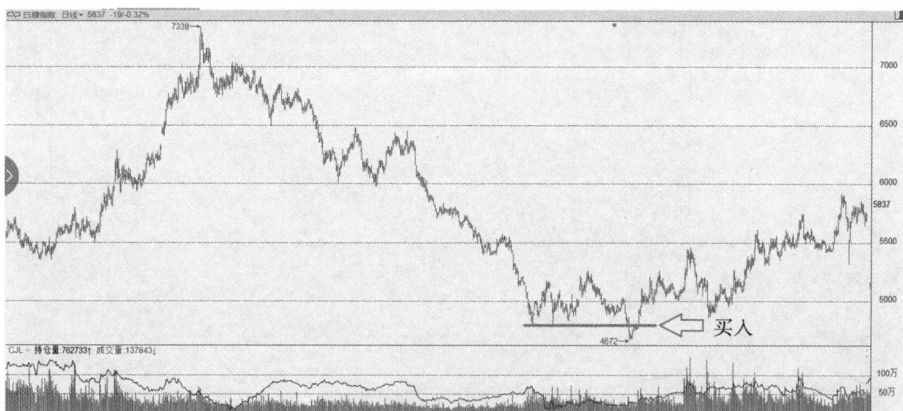

图 4-57　白糖行情走势

由图 4-57 可以看到，在白糖行情持续下跌时，我一直想等白糖反转做一个反弹。我认识一个白糖大户，他对白糖的基本面非常了解，劝我不要做多，并且他在高位入场的空单已经盈利丰厚了。而我为了做反弹，已经有过几次止损了。他的意见对我产生了很大的干扰，但我不为所动，继续等待更佳的入场机会。后来白糖跌破前期一个箱体后迅速收回，我知道买入的机会来了，于是再次买入多单。不出所料，后市出现一波反弹，并且再也没有触及我的买入价。当时白糖的基本面确实不太好，反弹也比较无力，但利润还算不错，除弥补了我前期止损的损失，还有一段不错的盈利。

这个例子不仅是给这种陷阱做举例说明，也想让读者体会华尔街的名言"牛可赚，熊可赚，跟风的肥羊不能赚"的含义。即不管你是看多还是看空，只要你的策略是能够盈利的，就坚定执行，最终都能盈利，就像那位白糖大户通过做空获得了盈利，而我通过反弹获得了属于自己的利润。但有一种人不能盈利，那就是没有自己观点、左右摇摆、习惯相信别人观点的人。如果我当初听信那位白糖大户的意见做空，很可能拿不住单子，因为我对白糖的基本面的了解远逊于他。靠别人的意见操作，执行力会非常差，一定要形成自己的策略。

还有一种情况，如图 4-58 所示，在经历一段时间的下跌后，下跌的力度开始放缓，这时很多人会进场抄底。但此时价格突然又加速下跌，让那些抄底的人惊惶失措，慌不择路地割肉离场，这种情况也很可能是一个短期见底信号。后面往往要急速反弹至前期跌势放缓的价格区间，这是一个高胜率的交易机会。

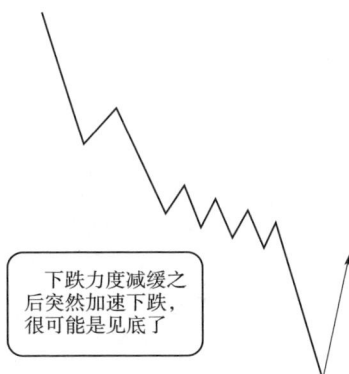

图 4-58　短期见底信号

上面的例子都是空头陷阱，反过来就是多头陷阱，此处不再赘述。

4.9.3 均线、趋势线上的"尾巴"

很多人是把均线、趋势线作为操作依据做交易的，尤其是那些多次回踩不破的均线、趋势线，有效性非常高。如果遇到突破后又迅速收回，那么成功率就更高了。这种方法运用在1小时级别、日线级别K线图上，可靠性比较强。太小或者太大的级别的走势，参考意义都不大。

图4-59为下跌趋势中价格沿着均线规律性下跌，那么该均线就是重要的压力位，一旦突破，趋势就可能反转。某一天价格突然突破该均线，盘中又迅速跌破，收出一根带上影线的阴K线，且收盘价在均线之下，像一根尾巴一样。这种形态就是明显的假突破，后市继续下跌的概率很大。这种尾巴可以是带上影线的阴K线，也可以是带上影线的阳K线（此时K线影线要长，实体要短），也可以是一根大阳线，然后下一根紧接着一根阴K线的组合。这三种形态的原理都是一样的，都是资金想要洗盘，大力拉升使一些空头单子触发止损。也可能是有资金想做一个反弹，却被巨大的压力打压回去。这两种情况都说明后市看跌。

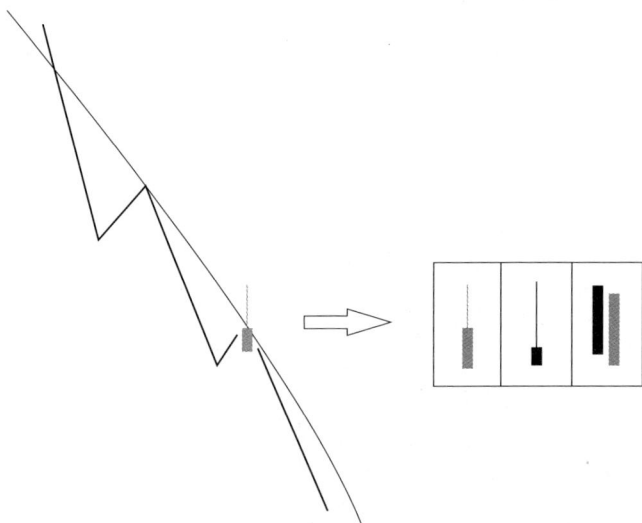

图4-59 下降趋势中均线上的"尾巴"

上影线越长，价格突破后收回越迅速，有效性越高。

下面再举一个趋势线的例子。图 4-60 为中价格沿着趋势线规律性地运行。某一天突然跌破了该趋势线，然后又迅速收回，出现一根带下影线的阳 K 线，或者带下影线的阴 K 线（下影线要长），或者出现一根中阴线后第二根 K 线为中阳线，收盘价收在趋势线之上，那么趋势继续向上延续的概率很大。

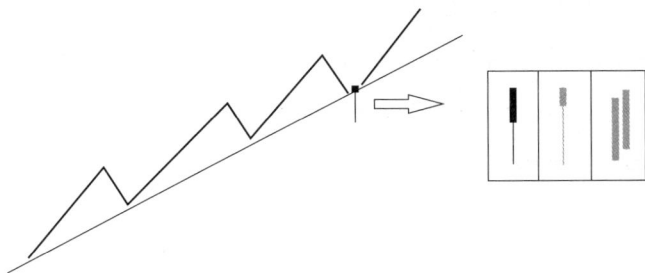

图 4-60　上升趋势线上的"尾巴"

以上是我常用的一些"陷阱"，其实类似的假信号还有很多种，都具有重大的参考意义。具体如下：

中阳线的最低价常常是重要的支撑位，一旦有效跌破，那么未来行情可能开启一段下跌。

中阴线的最高价常常是重要的压力位，一旦有效突破，那么未来行情可能开启一段上涨。

较长的放量上影线是重要的压力位，一旦有效突破该上影线，那么未来行情可能开启一段上涨。

较长的放量下影线是重要的支撑位，一旦有效跌破该下影线，那么未来行情可能开启一段下跌。

利空消息公布的当天，市场随之下跌，但价格马上止跌恢复上涨，则代表"利空出尽是利好"，后市看涨。

利多消息公布当天，市场出现上涨，但当天价格出现下跌，则代表"利多出尽是利空"，后市看跌。

以上的一些"陷阱"的准确率较高，因为这些信号与大众的思维方式是相反的，主力喜欢用这种方式吓跑散户，拿走他们手中的筹码。如果运用技术分析的人越多，那么上面那些技术假信号的参考价值越高。洛氏霍克交易法的作者乔·洛氏（Joe Ross）喜欢关注市面上流行的技术分析方法，他不是为了使用这些方法，而是看散户们容易掉进哪些陷阱里。当越来越多的人开始关注这些"陷阱"时，上面那些技术假信号的参考价值就会逐步降低，直至失效。

因此，本书重在强调操盘的理念，希望可以帮助读者拓展思路，但不要死板地照搬本书的方法。因为市场中不存在永远有效的方法。读者掌握本节的理念后，要像乔·洛氏一样，通过了解市场上大众的想法，更好地研判走势，做到"知己知彼，百战不殆"。

4.10 期货屠龙术：浮盈加仓

浮盈加仓，有的人说是白扔钱，有的人说是纸上谈兵。但是，如果当我们看了利弗莫尔、斯坦利·克罗和《华尔街的幽灵》书中的观点后，会发现他们都是赞同浮盈加仓。因此，大家学习浮盈加仓的原理是非常有意义的。

浮盈加仓的手法，不但要求交易员有较准确的行情判断能力，还要有坚定的执行力和强大的胆量，不容易掌握，但是做好了利润非常大，适合经验丰富的老手操作。新手看了本节内容，如果觉得难度太大就不要使用。当你做交易有很多年经验，经历过很多次牛熊转换之后，慢慢地具备了浮盈加仓的技术水平和较大资金量，对浮盈浮亏已经看淡时，你就可以拿起这把"屠龙刀"了。

浮盈加仓适合于确定性强、未来能走出一大段上涨的行情，这是前提。如果你没这个本事去预判，那么会面临"浮盈加仓，一把亏光"的难题。我通常会看周线、月线的买点出现时才使用。错了止损很小，对了等趋势明朗后回调时加仓，做好止损就很安全。

另外，本节还介绍了其他三种值得浮盈加仓的行情，都是中长线的机会。有些做短线的人能力很强，能够预判出一段长长的短线行情，这时他也会采取浮盈加仓策略，遇到流畅的日内甚至当天可以加两次。

浮盈加仓的方法，最好结合利弗莫尔的手法。利弗莫尔强调，股票要赚大钱，不在于研判短期涨跌，而在于分析市场的整体趋势。因为唯有市场整体走牛或者走熊时，才会大概率出现大行情、大波段。

浮盈加仓实例解析，我在 10 月 13 日和朋友提到自己做空螺纹钢的想法。图 4-61 为螺纹钢和相关品种在 10 月 13 日的走势。

图 4-61　螺纹钢和相关品种在 10 月 13 日的走势

由图 4-61 可以看出，均线已经纠结，一旦向下发散，就有可能走出一波大行情（只是存在可能性）。图 4-62 为热卷 10 月 13 日的日线图。

图 4-62　热卷 10 月 13 日的日线图

由图 4-62 可以看出，与螺纹钢形态相似，而且在长期趋势线附近，一旦跌破，有可能走出大行情。

图 4-63 为铁矿石 10 月 13 日的日线图。

图 4-63　铁矿石 10 月 13 日的日线图

由图 4-63 可以看出，铁矿石早已形成了下跌趋势，目前是反弹遇阻的形态。铁矿石对螺纹钢、热卷的成本有一定的影响。再看看动力煤、焦炭、焦煤，它们都在历史高位，将来向上空间不大了。如果黑色系这些品种共振下跌，那么走出大行情的概率就会非常大。再加上政策因素，已经开始注意到煤炭的价格过高，不久就会出台政策。当板块群体、技术面、政策面共振时，这样的大机会一定要把握住。

于是，螺纹钢跌破 120 日均线后，看空，然后去小级别找介入点。之所以去小级别找介入点，是因为一旦开仓错误，止损会比较小。大级别看方向、小级别找介入点，是很多交易员共同的风格，缠论的区间套也是类似的思路。

止损的风格，每个人都不同，止损幅度大的人，止损次数会少一些，但单次止损的亏损较多，我个人偏向小止损，但止损会多一些，且盯盘花费精力比较多。

既然确定了是大行情，那么在遇到反弹时，就要考虑加仓，扩大战果。后来，动力煤、焦炭、焦煤都见顶回落了，市场传言有人囤积了大量的动力煤，炒高了价格，性质比较恶劣，政策也出消息要严控。此时要大胆找机会加仓，充分把握住这次大机遇，如图 4-64 所示。

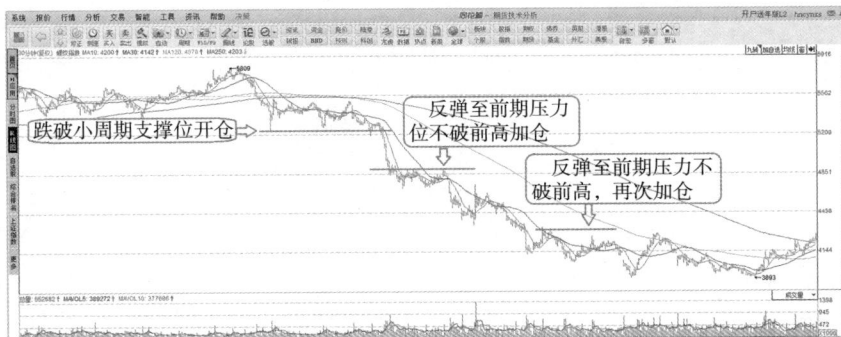

图 4-64　大胆抓住机遇加仓

后来，螺纹钢在 5 000 点附近两次反弹无法突破前高，这时就要考虑加仓了。实际上第二次到达前高附近时突破了一下，然后马上下去了，这种假突破是非常明显的开仓信号。因为假动作一旦失败，往往后面就是真动作。这就是4.9 中已经讲过的"市场的陷阱"，善于识别市场的陷阱，有助于提高胜率。后面又出现一次反弹不破前期高点的情况，可以继续加仓。一直持有到趋势反转为止，如图 4-64 所示。

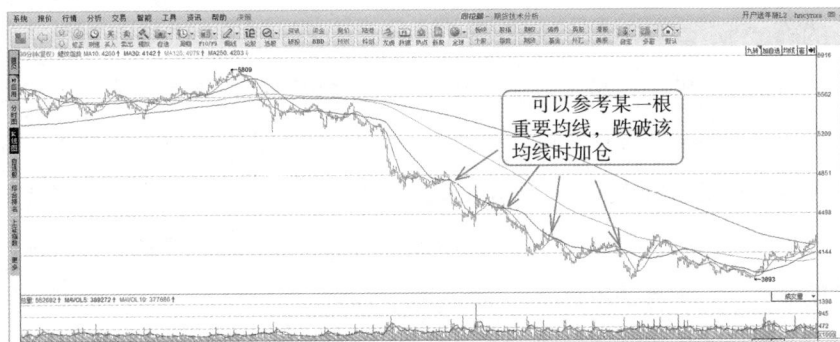

图 4-65　出现反弹不破前期高点可继续加仓

习惯用均线的交易员，也可以找一根沿着走势运行的均线加仓，每当反弹至均线，如果无法站稳，跌破该均线时加仓。

图 4-66 为 2021 年 11 月 5 日螺纹钢的日线图，从日线图来看，这样流畅的下跌无法找到好的加仓位置，因此，在加仓时要到小级别去找机会操作。

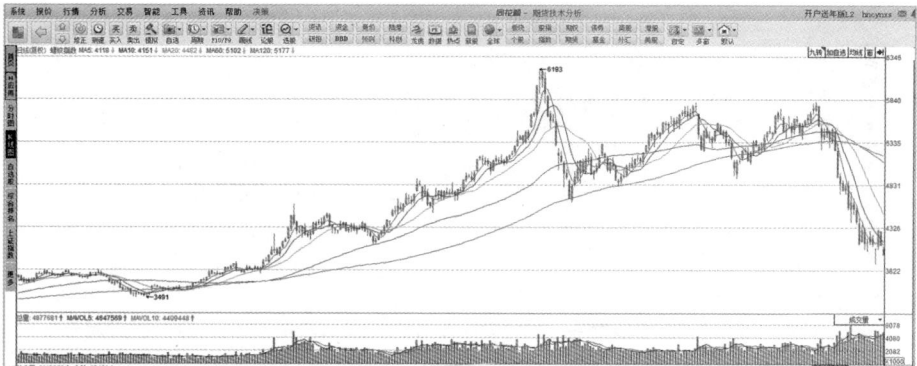

图 4-66　2021 年 11 月 5 日螺纹钢的日线图

　　以上是浮盈加仓的全过程，事后看起来比较简单，但事前会有很大的不确定性，而且有失败的可能，对人的执行力、忍耐力有较高要求。在螺纹钢价格跌破 120 日均线之前，我制订好了做空螺纹钢的操作计划。做空后会害怕螺纹钢又反弹上去打我的止损。毫不夸张，浮盈加仓策略是特别反人性的，虽然我做期货已经有几年了，但使用浮盈加仓时内心也是备受煎熬的，尤其是多次被打止损之后。有一天晚上我还问了另一位高手，想听取一下他的意见来增加内心的确定性，其实市场本来就没有确定性，问谁都没用。严格按照自己的策略执行是最重要的。于是我坚定自己的信念，如果回吐了我就保本出，回吐就回吐吧，只要保持一致性策略，不可能每次都回吐，总会抓住大行情的。我的交易策略是：把每次交易的结果都变成三种：小亏，保本和大赚。错了就止损（小亏），对了没到目标位就保本出（保本），一旦遇到大机遇就会大赚。这样长期坚持，一定会是正收益。

4.10.1　三种适合浮盈加仓的操作机会

　　浮盈加仓的手法，适合于确定性强的、未来能走出一大段上涨的行情。如果没有这个前提，就会遇到多次利润回吐的情况。这种情况下使用浮盈加仓不但无益，反而有害。在我的实践中，以下三种情况下发生一段流畅行情的概率比较大，我会考虑浮盈加仓。

　　第一种情况，利弗莫尔说的板块群体性运动，也就是螺纹钢例子中提到的情况。从基本面上来看，黑色板块多个品种都有下跌的可能性，在螺纹钢跌破120 日均线支撑时引发共振导致黑色系集体下跌。单个商品的上涨可能缺乏持续性，多个相同板块的商品群体同向运动，那么趋势延续的可能性就比较大。所以，相关性品种都出现某种蓄势待发的价格形态，破位后大规模同向运动时，未来展开一段行情的可能性比较大，值得使用浮盈加仓的策略。又如，经常看到原油上涨时，燃油、甲醇、PTA，甚至油脂板块的品种也跟着上涨，因为原油是燃油、甲醇、PTA 的原料，与油脂也存在一定的相关性，因此，会引发同步性群体运动。

　　第二种情况，市场疯狂时。以上涨为例，一般情况下，价格在运动时，会强烈上涨一段，接着调整，价格不创新低，然后再涨一大段，接着调整几天，价格常常回测重要均线或趋势线，得到支撑后继续上涨，如此反复。然而，在市场疯狂时，价格几乎不调整，或者猛下跌一下立马收回。此时我们需要注意，未来可能发生剧烈上涨的行情。你要尽快调整到小周期去观察，每次突破压力位或者回踩均线时，就试探性加仓。错了可以止损，对了就死拿。具体操作方法可以回看 4.7.4 "较强烈、明显趋势中的反弹和突破"内容。这种情况的判断需要一定的经验，更需要巨大的胆量。大部分人在趋势强烈行进的过程中，面对巨幅增长的利润，心里想的是尽快止盈，恨不得立马清掉自己的仓位。然而，我遇到一个高手是专门做这种行情的，他在每年大部分交易日都是不看盘的，但当价格剧烈上涨时，他就在突破时加仓，就像利弗莫尔靠着透支而来的 500 股再次东山再起一样。良风有幸也讲过这样的一个人：他平时很颓废，每当遇到价格剧烈上涨时，就在别人不敢追时浮盈加码。这常常让我想起古人笔下的千里马：千里马平时显得懒散悠闲，吃吃睡睡，貌似比一般的马还要笨拙。可是一旦到了关键时刻，就会精神抖擞，驰骋千里。

　　图 4-67 为沪铜持续一年多的大牛市，如果在后面一段剧烈上涨的过程中采取浮盈加仓策略，利润十分惊人。

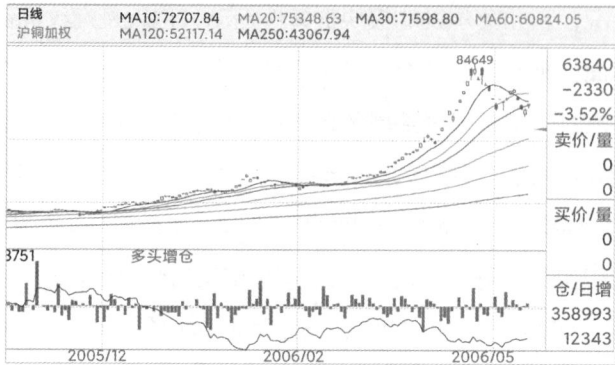

图 4-67　沪铜持续一年多的大牛市

第三种情况，强势行情之后的反趋势行情。期货中有这样一条经验："从哪里来就回到哪里去。"发生剧烈上涨的商品，因生产利润过高会激发生产的积极性，不久又会产能过剩，供大于求，导致价格剧烈下跌。这种大幅度的下跌，确定性也很强，是浮盈加仓的好时机。

比如，图 4-68 为甲醇在突破重要压力位后，开启了一波剧烈上涨。可以去小周期仔细观察，用趋势线或者均线作为依据判断上涨的终结。价格跌破趋势或均线时做空。我们看到，甲醇是在突破重要压力位时剧烈上涨的，那么常常还要回到这条重要压力位，当然也可能更低。价格空间非常大，适合浮盈加仓做空。

图 4-68　甲醇突破重要压力位后，开启了一波剧烈上涨

图 4-69 为把甲醇放到 30 分钟周期图，运用趋势线作为操作依据的示例。跌破趋势线时建一个底仓，后续在每次跌破支撑位（横线）时加仓。初次建仓后反弹幅度比较高，止损小（如设置的小）可能打一次止损，止损后还可以建仓。

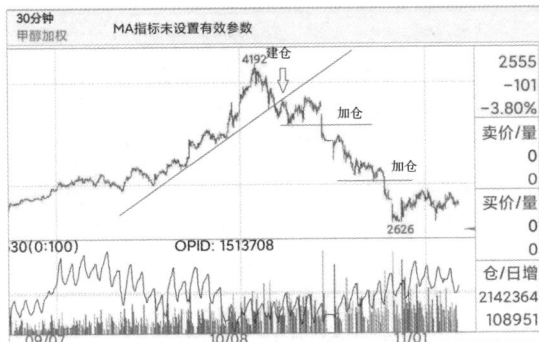

图 4-69　甲醇 30 分钟周期图

我们也可以用均线作为操作依据，选取一根能够体现价格运行的重要均线，跌破该均线时建一个底仓，后面每次反弹到该均线受到压制时加仓。图 4-70 为甲醇的 30 分钟图，我们发现，在急速上涨时，每次回踩 30 均线都被支撑住，那么 30 均线就是一条重要的均线，跌破均线时可以建立一个底仓，后面每次受到 30 均线压制时可以加仓。在这个过程中，价格初次跌破 30 均线后又反弹突破了 30 均线，谨慎的交易员可以先止损出来，再次跌破时再进入。激进的交易员在不达到建仓价时，底仓可以不止损。

图 4-70　甲醇的 30 分钟图

　　"从哪里来就回到哪里去"我们只要复盘就会发现，很多商品都有这种情况。图 4-71 为白糖和铁矿石的日线走势图，都是在上涨结束后，跌回了起涨点。虽然这个规律不是每次都准确，但十分常见，值得我们使用浮盈加仓的策略博一笔大利润。

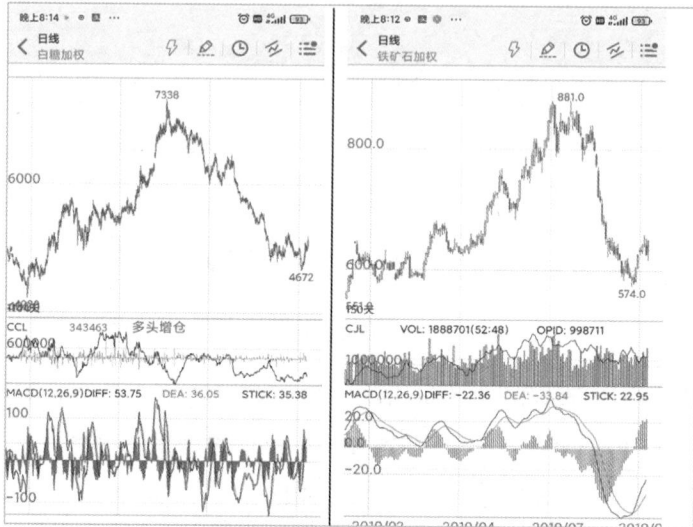

图 4-71　白糖和铁矿石的日线走势图

　　如何发现上面三种情况或是机会呢？

　　第一种情况是在价格处于低估区域时，此时一般在技术面会出现月线或周线级别的买点。我会在低位建一个底仓。低估区域，一般是在生产严重过剩时出现，只要关注相关新闻，就会看到大批生产商亏损严重的消息。同时，可以参考历史价格的低位和该商品的成本价，比如甲醇价格在 1 500~2 000 元、PTA 在 4 000~5 000 元就是低估区域。

　　商品的价格是随着供需发生变化的，价格低估的商品在上涨周期到来之后必然要涨到高估区域，这中间的空间非常大，在上涨的过程中，必然有一段强烈的上涨趋势存在！我们可以借助上涨趋势发生时，浮盈加仓。一般情况下，趋势发生时会伴随着板块的群体性运动，以及消息面的配合，示意图如图 4-72 所示。

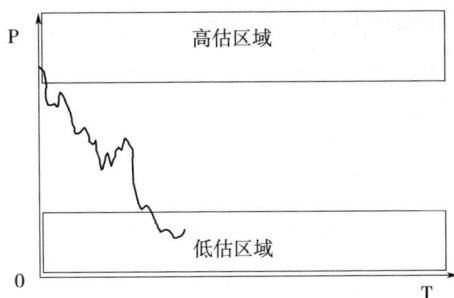

图 4-72　价格上涨周期的低估区域与高估区域

第二种情况是走势形成趋势，并且趋势越来越强。以上涨趋势为例，价格走势逐步形成多头排列，一开始是回踩 120 日均线不跌破，后来斜率逐渐加大，回踩 60 日均线不跌破，涨势越来越强，按经验应该要回调了，但是它就是不回调，反而向上突破了一个压力位，后市很可能开启一波急速上涨，可以到小周期去观察，每次突破小周期压力位或者回踩重要均线时加仓，并设好止损位。

图 4-73 为甲醇的日线图，均线形成多头排列之后，一开始被 120 日均线撑住，回踩 120 日均线无法跌破，后来被 60 日均线撑住，再后来被 10 日均线撑住，斜率越来越大，回调幅度越来越小。此时可以考虑采用浮盈加仓的策略了。

图 4-73　甲醇的日线图

第三种情况是一段强烈的趋势终结后。可以运用趋势线、均线进行判断，以上涨趋势为例，当价格跌破趋势线、均线时，假设趋势已经反转，可以建立一个底仓，并设好止损。如果后面发现趋势真的反转了，则逢反弹到压力位时或跌破支撑位时加仓。趋势线、均线虽然不能保证每次都正确，但在强烈流畅的趋势中，准确率比较高，具有较好的参考价值。

有人问，既然我们能够预判出一段较大的趋势性行情，为什么不在一开始就满仓，而要浮盈加仓呢？答案很简单，因为我们做期货和做股票不一样，股票盈利后，可用资金不会增加。而期货是保证金交易，随着盈利的增长，可用的保证金会越来越多，因此，能够实现浮盈加仓。

另外，虽然有时可以大概率预判出一段趋势行情，但没有人可以确保自己的介入点百分之百准确，谁都可能面临打止损的情况。

因此，我常常在建立底仓时轻仓操作，避免被打几次止损后，资金上和信心上的巨大冲击让自己无法按原计划执行下去。这样的事情在利弗莫尔身上曾发生过，他原本看好棉花的上涨行情，但没等到出现趋势强烈的关键点就迫不及待地介入，不出所料地介入几次都被打了止损，最终他失去了耐心，心烦意乱地让助手拆掉了棉花的报价机。最终棉花爆发了巨大的上涨行情，此时他只能望洋兴叹了。

4.10.2　浮盈加仓的优缺点

交易要想长期盈利，主要有两种风格：要么幅度取胜；要么仓位取胜。也就意味着，要么总体上盈利的幅度大于亏损的幅度；要么亏损时仓位小，盈利时仓位大。而浮盈加仓策略可以让二者同时做到。数学功底好的朋友，最好把浮盈加仓的思路用数学推导几次，不会用数学推导的朋友可以拿走势图模拟操作，用笔计算好加仓笔数，体会那种赚赚亏亏的过程。

在整个过程中，只有第一笔建仓后是存在止损风险的，后面随着走势的延续，虽然你在加仓，但是价格离你的平均成本会越来越远，只要你设保本价止损，那么后期你都是 0 成本在操作。加之你在加仓，一旦趋势延续，盈利反而越来越大，相当于我们只有第一笔小仓位建仓时可能打止损，后期都是保本，而且一旦遇到趋势延续，盈利往往十分巨大。我们会发现这种操作的盈亏比十分巨大。

如果我们坚持这样操作，那么一次盈利可以弥补十几次甚至几十次的亏损，只要初始仓位是轻仓，你会发现长期坚持下去，你的金额很难亏损了。就像工程师"hazzj8"说的那样，她现在做期货亏钱很难，赚钱很容易。因此，长期来看，浮盈加仓策略的安全性是非常高的。

不明白的人以为她在炫耀，真正计算过浮盈加仓盈亏比的人，会知道她并没有开玩笑。此处，我希望读者自己找行情去模拟一下，成功的行情和打了止损的行情都算上，自己计算一下盈亏比。

期货做久了的朋友就能体会到：安全性是十分重要的，这一点我无法用语言表达，我相信做得久的人一定能理解我的意思。一个安全性很高的机会，比赚很多钱重要得多。这里说的安全并不是一买就赚，次次正确，而是说赚的钱比亏的钱多很多，长此以往必然是正收益。

对于那些反对浮盈加仓的人，原因很简单：怕回撤，怕利润回吐。这涉及自己的风格，加不加仓各有利弊。不加仓虽然避免了利润大幅度回吐，但遇到超级大行情也无法充分利用。加仓的风格，注定会遇到很多次利润回吐，但那些往往不是大行情，等于是你自动把小的行情过滤了。一旦遇到流畅的大行情，足以改变生活。曾经有一位退休女教师赶上了豆油期货的大行情，把 4 万元一路加仓做到 1 450 万元（后来见顶了还加，又把利润回撤干净了）。举这个例子，主要是为了说明浮盈加仓遇到大行情时的威力。

林广茂曾说，有的人的心胸能盛一杯水，有的人能盛一个游泳池。遇到下雨，一杯水每次都能装满，游泳池总是装不满。但如果遇到极端暴雨，心胸小的人早早止盈了，而心胸大的人一次赚一个游泳池。所以，方法没有好坏之分，各有利弊，有的人开店铺做批发零售每次都会小赚；而有的人做大生意，三年不开张，开张吃三年。主要是看自己怎么选择了。总之，在操作资金比较小时，我们可以先不用浮盈加仓的策略，等自己有很多可以长期不用的闲钱时再使用。

毕竟，浮盈加仓可能面临多次的止损和长期的等待。

对浮盈加仓有怀疑的朋友，可以多看看《股票大作手回忆录》《华尔街的幽灵》。《华尔街的幽灵》这本书我以前看时里面有些理论我是不太接受的，但是做了几年交易之后越来越认可。书里强调做交易最重要的是改变行为习惯，我觉得本质是和大众心理反着操作。别人亏了要扛，你亏了就要跑，别人赚一点就跑，你赚了就要拿住，别人赚了不敢加仓，你要敢加等。

从单次交易结果看，你亏损次数比别人多，但是长期来看呢？我想起一个朋友的故事，他是在边远地区做高压线路的电工，每次拿一两万元做交易，错了爆仓，对了浮盈加仓，后来爆了七八次仓，终于逮到一波流畅的行情，赚了26万元，减去前期爆仓的亏损十几万元，总体还是赚的。这个故事说明了浮盈加仓巨大的盈亏比优势，我一直记在心里。

这是一个水平一般的朋友的例子，不是让大家照着做，只是说明道理。水平高的人，如果能过滤掉一些明显走不出大行情的机会，借助浮盈加仓，可以赚得更多。

"不要在意一城一地的得失，要谋求全局的胜利。"这句话非常具有战略眼光，放在浮盈加仓上同样适用。浮盈加仓的缺点是经常遇到利润回吐，非常折磨人，所以，在跟很多人交流时，他们大多是反对浮盈加仓的。但是，如果你不在意一次、两次乃至于七八次的得失，而在意几年后你能不能做大，很显然浮盈加仓是非常有优势的。如果你看过《至高无上》这本书，会发现很多高手使用过浮盈加仓策略。

一把利刃，用好了可以屠龙，用不好反伤自己。在我交易经验不足时，因为受《股票大作手回忆录》的影响，试着采用金字塔加码的方式操作，经常被打止损。后来我慢慢地意识到，要在趋势强烈明显的过程中采取浮盈加仓的策略。如果遇到没有趋势的商品，浮盈加仓会让自己亏得更多。

比如橡胶。橡胶在低位成本价附近盘整了好几年，每次都像是要走出大行情，每次又掉头回去。我已经在橡胶上折腾多年，有时候保本出，有时候止损出，止损花费了很多钱。如果我在橡胶的基本面、技术面共振并走出趋势时再进行加仓的操作，就不至于出现这么多次的亏损了。

　　因此，我指明了浮盈加仓适合于确定性强的未来能走出一大段的行情，没有这个前提，就不要采取加仓策略。而且浮盈加仓对人的胆量、心态要求也很高，如果加错了会导致巨大利润迅速回吐，经历几次之后，人们自然会想到放弃。因此，这把利刃，要在自己的操盘实力和心境都达标后再使用。

第 5 章

投资之道

5.1 在"无"的层面下功夫

曾经，我的老师对我说过一句话："境界高的人在'无'的层面下功夫，境界低的人在'有'的层面下功夫"。当时我对这句话似懂非懂。后来很多人向我请教做期货的方法，我一直感觉他们的思路有问题，好像我把方法告诉他，他就能盈利一样。然而我的方法大多数是非常简单的，但让它们发挥作用却比较难。人们常常追求有形的方法，忽视运用该方法所需的智慧、心胸和意志力。

"无"和"有"是相对的概念，一般而言，起到根本性、决定性的东西，看不见、摸不着，是"无"的层面。而那些看得见、摸得着的有形、有相的东西，往往是"无"的外在显现，是"有"的层面。普通人习惯于通过表面现象得出结论，患得患失，有智慧的人透过现象看本质，潇洒坚毅。相对而言，操作理念属于"无"的层面，具体的操作方法、资金实力属于"有"的层面。

那些成功者，常常在开阔眼界、历练心胸、提升智慧等方面投入巨大。本篇看似与交易无关，却决定了交易员最终成长的上限。查理·芒格常常跟人分享投资的理念、分析问题的模型，很少谈具体方法，是同样道理。

1. 怎样从"无"的层面下功夫

有些人习惯从微观到宏观进行研究，而有些人习惯从宏观到微观进行思考，这种思维方式，是从本到末的角度看问题，比较容易看到事物的本质。《易经》主张观物而知理，就是通过观察万物的发展变化，发现其中的运行规律，提升自我，达到万物为我所用的境界。

一个人的智慧、胸襟、品格、人生观、价值观等，是"无"的层面，从根本上决定了一个人。而金钱、地位、财产是"有"的层面，是人内在修为的外在显现。历史一再证明，为了"有"而丧失"无"，结局往往得不偿失。注重修炼"无"，反而可以获得无穷无尽的"有"。

如果明白"无"的道理，就不会在意一时的得失，而是把重心放在获得智慧、提升精神品质上。不会在意一时的困难，因为经历挫折越多，反而收获了坚毅和坦然。不会过于在意规则，因为要笃信、敬畏和学习的是规律。

2. 哲学理念对操盘的影响

在交易市场上，高手之间的较量绝不是技术水平上的较量，而是投资哲学的较量，是心态和境界的较量。

与其被称作投资家，金融家更愿意被称作哲学家，并且推荐年轻投资者多读哲学著作。一个人对哲学领悟的深度，很大程度上决定了今后投资的成败。资本市场的高杠杆交易放大了人的弱点，能够长期在资本市场上生存的人，在哲学层面也有极高的领悟。他们往往用很简单的方法，获得傲人的成就，这离不开他们看问题极具智慧的穿透力。

第 4 章提到的女工程师"hazzj8"曾说过这样一句话："我现在做期货，亏钱很难，赚钱很容易"。这在一般人看来是不可思议的。因为 90% 参与期货交易的人都会被淘汰，甚至亏损累累。但一个人明白了一些基本道理，树立了正确的理念之后，就会深深体会到这句话的含义。如果把游泳池比作金融市场，那么，对于不会游泳的人，到游泳池里会被不断呛水，随时都有淹死的风险，十分痛苦，而对于会游泳的人，在水中充满欢乐。

3. 哲学功底提升人的预见性

我们在研究财报时，常常被财报的滞后性困扰。不管是季报还是年报，都体现的是已经发生的财务状况，而不是未来的财务情况。看财报分析未来，就好像看后视镜开车，是非常危险的。所以，财报的参考价值都会因滞后性而降低，而且财报不能反映企业家素质对公司的影响。而我认为，像乔布斯那样有创新精神的人，是企业发展相当重要的因素。因此，靠财报选股的人，一般是选择食品、药品等必选消费类股票，因为这些公司的盈利状况比较稳定。对于高新技术类公司，靠财报很难选出来。

我介绍一种传统的思维方法，可以作为大家选股的另一种思路：如果事物从"有形"向"无形"发展，那么该公司是在走上坡路，未来会不断壮大；如果事物从"无形"向"有形"发展，则是在走下坡路，若不发生重大变革，其前景会逐渐暗淡。

对企业而言，"有形"可以代表资金、厂房、设备、存货等具体物质形态的资产，"无形"可以代表品牌、荣誉、企业文化、高精技术等没有具体物质形态的资产。比如，苹果公司起初是组装个人电脑起家的，这是有形的硬件，后来不断在高科技领域发展创新，大部分生产线（有形）转移到了其他地方，公司注重高精尖技术的发展，品牌优势越来越大（无形）。诺基亚重视手机硬件的质量（有形），手机壳十分坚固可以砸核桃，但在科技上几乎没有任何进步（无形），最终走向了衰落。

5.2　以道驭术: 智慧第一、方法第二

《三国演义》中水镜先生司马徽对刘备说："关羽、张飞、赵云都是勇力可敌万人的大英雄，可惜无人能善用之"。暗示刘备闯荡这么多年，之所以没有成功，不是因为武力不够强，而是缺少诸葛亮这样的贤人辅佐。同样道理，大多数人做交易，之所以不能成功，并不是自己所用的方法不能赚大钱，而是因为他们不懂得如何善用。

其实，投资方法是相对容易学会的。书店里关于交易的书籍放满了几个书架，你只需选择一本或是几本适合自己的方法就够了。但是驾驭方法的能力确实很难学会，而且运用该方法时所需的自律、耐心、勇气更是需要在实战中不断磨炼。

我常常想起小时候学习跆拳道的经历：

跆拳道老师教了横踢、后踢、下劈、侧踢、后旋踢等基本动作，有的优秀学员还学会了 720 度腾空旋踢——在空中旋转两圈后踢向目标，非常炫酷、非常帅气，一直是我小时候羡慕的高手，但我资质平庸一直没有学会。等我看了跆拳道奥运会实战，发现奥运会选手使用最多的招式并不炫酷，反而是一些简单的基本动作，尤其是横踢这种最基本的腿法使用率在 70% 以上。720 度腾空旋踢在比赛中却从未有人使用。

因为对实战而言，腿法只要以一定的力度踢到对手就能得分，重要的是与对手距离和出击时机的把握及一些战略战术的运用，迎难而上的勇气，百折不挠的意志力……这才是人与人拉开差距的决定性因素。

做投资本身也是一种博弈，是一种实战，一种竞技。斯坦利·克罗曾说过：拥有一流的技术和一流的策略固然是最好的，如果只能选其一，我宁可拥有一流的策略和二流的技术，而不是一流的技术和二流的策略（本书中一再强调的是对事物基本规律的认识和投资策略的应用，让投资回归简单）。

有位期货前辈曾说过："谁把这个市场想简单了，谁就能赚到钱"。相应地，谁把这个市场搞复杂了，就像跆拳道实战时在空中做 720 度腾空旋踢，这种人在场外吹牛、炫耀是可行的，一旦实战就只有"挨揍"。

在现实投资中，我们常常看到一些拼命研究各种技术的人、千方百计打听消息的人、不断优化自己交易系统的人，他们很多人把交易搞复杂了，他们就是那些想要把 720 度腾空旋踢运用到实战中的人，他们来到这个市场不仅仅是为了盈利，更是为了证明自己，这样的投资者，最终的结局可想而知。

所以，在全球的投资市场，绝大部分人始终摆脱不了亏损的命运。以缠论为例，相当多的人被缠在"笔""线段"等画图方法中，以至于很多人开始怀疑运用缠论到底能不能赚钱。而我觉得缠论的核心在于对"患"与"不患"、完全分类、区间套、当下等道理的理解，实际操作时我运用最多的只有均线和趋势线这简单的两个招式。

网络上有这样一个提问：交易系统可以有多简单？我的回答是：简单到只有一根横线。

比如，我的启蒙老师，在螺纹钢价格低于2 000元时，他在2 000元画一条水平横线，突破做多，跌破止损，不跌破就死拿，设了个目标位4 000元，到了4 000元止盈。最终也大赚一笔。

有人会说，如果你的横线正好画在震荡区间，就会反复突破、跌破，岂不是要反复止损？是的，这条横线的画法和后续遇到问题的处理办法，才是交易的难点。具体操作策略如下：

一是在基本面的判断上，我们知道螺纹钢在2 000元处于低估状态，下方空间有限，上方空间很大。这样就获得了较大的盈亏比，值得参与。

二是技术上要尽量避开震荡。所画的横线可以在重要压力位，整数关口（如2 000元），以及出现一些技术信号时。但是，即便画得好也不是一定能避免出现反复震荡的情况。如果遇到反复震荡，可以把买入价放在震荡下轨，或者等突破上轨后再开仓买入。这样就可以避免持续不断地止损。技术好的人还可以做差价，进一步降低成本。以我的经验看，大部分商品跌到一个历史低位后，一般不会持续太久，所以，那种持续震荡的情况很少遇到。

三是做好资金管理，如果仓位太重止损几次本金可能就没了。我一般单个品种很少超过10%的仓位。

四是要有严格的执行力，坚定的持仓意志力。大部分人止损几次就坚持不下去了，或者止损几次，出现上涨回本后，马上就忍不住清仓了。

由图5-1可以看出，螺纹钢最高上涨到6 193元，它既没有买在最低，也没有卖在最高，但却赚了一笔大钱。如果我们多看看巴菲特的投资案例，就知道他也不追求买在最低，卖在最高。

交易系统不需要多么复杂，简单的未必赚得少。复杂的未必赚得多。只是在方法的背后，涉及很多的智慧和专业知识。

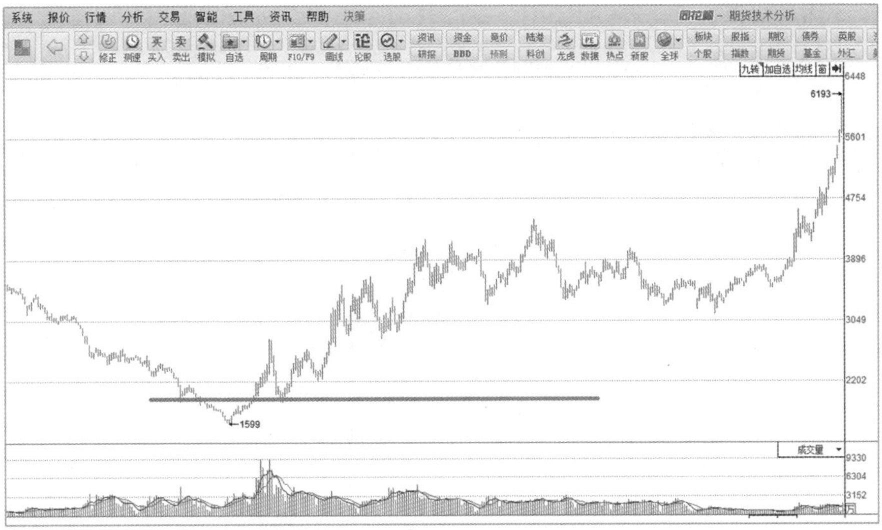

图 5-1　螺纹钢最高上涨到 6 193 元

5.3　善谋者谋势，不善谋者谋术

当牛市来临时，普通人在赚钱，对股票一无所知的新人在赚钱，不管交易水平高不高，绝大部分人都在赚钱（是大力投资时）。成熟的交易员都明白辨别大势比各种分析技术重要，不成熟的交易员以为只要技术高超什么时候都可以赚钱。因此，成熟的交易员等待大势，不成熟的交易员在不断地追求高深的技术，这就是"谋势"和"谋术"的区别。

5.3.1　趋势重于方法

为了说明趋势重于方法，我们对比常见的一些分析方法在市场中的效果。

1.MACD 指标

MACD 是最常见的技术指标之一。MACD 有很多用法，最常见的用法是黄白线金叉买入，黄白线死叉卖出。图 5-2 为纸浆的牛市，如果按照 MACD

黄白线金叉时买入，死叉时卖出，可以获得图中两个方框的收益（中间有一段很小的金叉、死叉）。虽然没有吃到全部的涨幅，但收益也算相当可观了。

图 5-2　纸浆的牛市

但是，如果我们看看牛市前期的震荡时期，如果用 MACD 金叉、死叉作为依据进行操作，那么获利幅度非常小，甚至 MACD 会发出错误信号，在金叉后走势下跌，死叉后走势上涨。此时运用 MACD 是很难大幅度获利的。

2. 双均线系统

双均线是常见的交易系统之一。图 5-3 为以 5 日均线和 10 日均线的交叉作为交易信号，金叉时买入，死叉时卖出。在纸浆的牛市中，可以获得方框中的大幅利润。但是在前期市场平静时，像 MACD 一样，要么获利微乎其微，要么出现错误信号，在金叉后走势下跌，死叉后走势上涨。

MACD 和均线都属于趋势类指标，它们在趋势强烈时表现良好，在趋势不明显时表现欠佳。还有一些是摆动指标，又称超买超卖指标，如 KDJ、RSI 等，在趋势不强烈时表现不错，但在趋势强烈时会发出错误信号，错过大把利润。

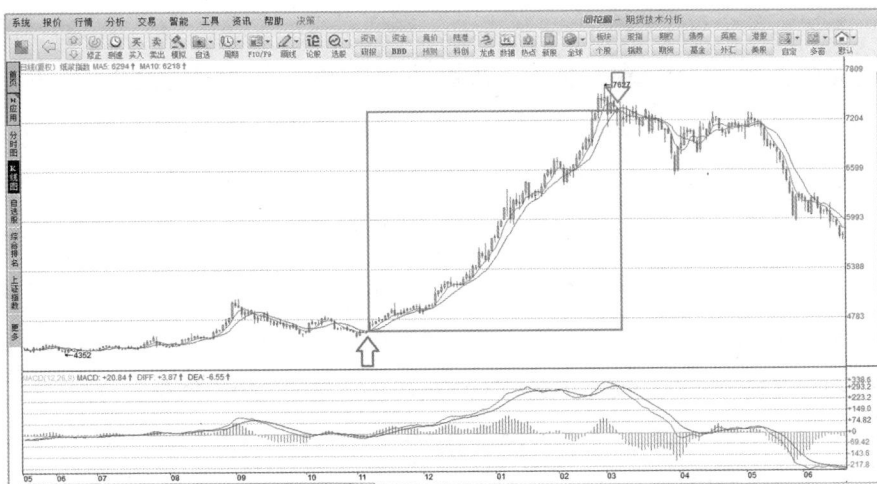

图 5-3 以 5 日均线和 10 日均线的交叉作为交易信号

3. 趋势线

下面以趋势线为例，当价格突破重要压力位时买入，在跌破上涨趋势线时止盈，在纸浆牛市中可以获得方框中的大幅利润，但在前期趋势不明显时，如果按突破买入，则盈利不多，或者反复止损，如图 5-4 所示。

图 5-4 跌破上涨趋势线止盈，获得大幅利润

从以上几个对比分析中我们会发现：在强烈的大趋势中，无论是趋势类指标还是趋势线，都可以获得很大的利润。在没有趋势时，各种方法获利都不大，甚至发生亏损。有人认为，自己可以不断提高自己的技术，在大趋势中运用趋势指标，在趋势不明显的震荡中运用摆动指标，从而发挥各种技术指标的优势，在各种行情中都可以盈利。其实"三重滤网"就是综合运用了趋势指标和摆动指标，但实战效果并没有想象得那么好。青泽先生也曾找高才生一起研究设计一套全天候适应各种行情的系统，最终以失败告终。现实中，我们确实能看到极个别的交易员能够长期稳步运用短线获利，但是那种风格的难度特别高，不适合普通大众。在我的交易生涯中，见过太多的人，学了很多专业知识，将操作方法搞得特别复杂，做起来十分辛苦，短期也获得过一些较大的利润，但拉长交易周期来看，最终都是亏损的。

因此，成功的大师往往是运用简单的方法去捕捉大势。他们能够成功，不是因为他们的方法多么高深、多么精妙，而是他们放弃了市场小波动、小机会，重点着眼于大势。

5.3.2　获取财富的三个层次

《史记》中有一篇《货殖列传》，记述了中国历史上不同时期、不同地域出色的商贾，堪称中国古代的富豪榜。其中有句话："无财作力，少有斗智，既饶争时"，说的是商人发家的三个步骤：当你没有任何资产时，应该先凭借自己的力气去赚取人生中的第一笔财富；当你小有资产时，应该凭借自己的智能尽快拓宽赚钱的渠道；当你已经很富足时，就要善于把握大机遇、大趋势。

也有人认为这是司马迁总结的获取财富的三个层次：第一个层次的人出卖劳动力，努力工作维持生计。第二个层次的人通过专业知识和智慧去获得较大的财富，第三个层次的人往往是抓住时代的大趋势。

比尔·盖茨抓住了操作系统的趋势成为世界首富，马云抓住了电商的趋势成为中国首富。比尔·盖茨、马云比其他富人的财产高数千倍、数万倍，是他们付出的汗水比别人多千万倍吗？并不是。是他们的智商比别人高数千倍、数万倍吗？也不是。是他们抓住的大趋势比我们大千万倍。

那些在交易界赚取了巨额财富的人，他们是因为专业知识比一般人更多吗？并不是这样，他们专业知识可能不如某些金融专家，但他们有个共同点是着眼于大势。

5.3.3　如何发现大趋势

要发现大趋势，我的建议是多读哲学类书籍，观察事物发展的基本规律，仔细观察一年四季的更替，动植物的变化，阴阳的消长，来体会万物的盛衰循环。

我们知道，根据唯物主义哲学，矛盾是推动事物发展的根本原因，矛盾越大，则变化越剧烈，越容易发生趋势。由此我们可以总结出以下发现大趋势的视角。

下面是我常用的一些发现大趋势的思路，也是本书中常用的操作思路。掌握的知识越多，观察事物的视角越全面，发现的机会也越多。

当股指严重低估时，股指的市盈率、市净率都处于历史低位，股债利差处于历史高位，大部分股票被低估，股民的心理极度恐慌。那么，将来股市必然发生向上的大趋势。

当商品价格严重低估时，库存高企，生产商大面积亏损，不愿意继续生产，那么该商品价格必然出现上涨的大趋势。当商品价格严重高估时，现货市场供不应求，生产利润巨大，生产商加大马力生产，该商品价格必然出现下跌的大趋势。

周线、月线级别 K 线图出现严重背离时。

出现战争、国际冲突、重大自然灾害等突发事件时，导致需求大增，相关概念股票大涨。

5.3.4　地缘冲突蕴藏着机遇

下面为大家分享一个地缘冲突蕴藏着机遇的故事。

春秋时期，有个宋国人善于制作防止手脚冻裂的药方，他们家世世代代都以漂洗丝絮为业。有个远方来的人听说后，请求用百金来买他的药方。这个宋国人召集全家商量说："我家世世代代靠这种药从事漂洗丝絮，一年所得不过数金；现在一旦卖掉这个药方马上可得百金，希望大家可以答应我卖掉它。这样我们家族或许就不需要这么辛苦的劳作了。"这个远方来的人买到秘方后，随即去游说吴王。此人不但有防止手脚冻裂的药方，而且善于用兵，那时正逢越国发难，吴王就命他为将，在冬天跟越国人展开水战，大败越人，吴王就裂地封侯来奖赏他。

同样是一帖防止手脚冻裂的秘方，有人靠它得到封侯的赏赐，有人却只会用于漂洗丝絮，这是因为人的眼界格局不同导致。这一剂秘方，相当于我们做交易所使用的方法。在做交易时，同样的技术分析方法，有的人获利，有的人常年亏损，差别就在于获利的人善于等待机会，只在一个大周期的强烈的趋势中（牛市）才使用，而常年亏损的人却是频繁操作，他们大多数常常变换方法，很难严格按照既定计划执行下去。

大周期看方向（发现大势），小周期找介入点，背靠大趋势操作，是多数成功交易员共同遵守的操作准则。

5.4　正财与偏财

老子曰："以正治国，以奇用兵。"就是说，在治理国家时，制定政策要具有稳定性，不能朝令夕改，以便维护稳定的秩序。而在率兵打仗时，将领要做到出其不意，攻其不备，善于出奇制胜。可见治理国家和率兵打仗是两种完全不同的思维。在古代，从政也可以说是从文，是正行，军事可以说是从武，从戎，是偏行。古代有很多"文武""正偏"的精彩辨析，值得人们学习体会。

比如，在熬药或者煲汤时，一开始用大火烧开（武火），然后用文火慢慢煎煮（文火）。

习武之人在练武初期，要刻苦地练习套路、站桩等基本功。此时力量的增长、柔韧性的提升比较快。达到一定境界后，就要在实战中不断磨炼运用招式的能力，不再局限于固定的招式，甚至随机应变，无招胜有招。

在行业中，规规矩矩做生意的行业被称为正行，一些不广为人知的生意被称作偏门。在事物的发展初期，常常是量的积累，胆大激进的人率先获得成功。随着量的积累，逐步达到量变引起质变的阶段，就需要高端技术的突破，此时需要稳稳地发展，沉着冷静高智商的人获得了机遇。穷要张狂富要稳，就是这个道理。

就性格而言，有的人性格四平八稳，守规矩、讲原则，这样的人适合从文，治国，从事正行。有的人性格激进、喜欢出奇制胜、乱中取胜，这样的人适合用兵，从事偏行。

财富也可以分为正财和偏财。一分付出一分回报的收入，确定性高，像河水一样涓涓细流，源源不断稳定而来的钱财是正财。洪水具有不确定性、爆发性和破坏性，类似这样的钱财是偏财。

正财有正财的特性，偏财有偏财的特点，二者本质不同。获取这两种财富，需要运用不同的思路，才能做到主观思维和客观现实相统一。那么，什么样的人适合做偏财呢？或是想要在交易上获得成功，应该是什么样的思维方式？我们可以看看古人的一些总结：

正财指通过辛勤劳动、按正常的途径、方法获得的可以预见的钱财。获取正财不可太急，要按流程一步一步做，功到自然成。获取正财的人，相信努力可以成功，守规矩、懂秩序。因此，以正财为主要收入的人，做事谨慎小心，守本分，不做非分之想。由于正财来之不易，所以有勤俭、保守、珍惜金钱的性格。

偏财指意外之财，不劳而获之财。偏财事先不能预见到，是偶然得到的钱财。有偏财的人，一生多有机缘巧遇，因此，经常会获得意外收获。很多带偏财的人有侠义心肠，为人慷慨大方，毫不吝啬。有的善于交际，在突发事件中思路灵活机智。由于钱财来得容易，所以重义轻财，但对机会十分珍惜，擅长发现别人看不到的机会。

大部分人的性格，适合有一份稳定的工作，赚取正财。慢慢地就会养成一种赚取正财的思维方式。在市场中搏杀，相当于虎口夺食、火中取栗，如果用赚取正财的思维去操作，会非常不适应。因此，刚刚炒股的人，除运气特别好以外，很少有赚钱的。当他们亏损三五年之后，慢慢明白了市场的一些特性，转变了过去的思维方式，才有可能走上盈利之路。可以说，大部分人失败的原因是思路不对。

在我做交易之初，喜欢高胜率的操作风格（第2章讲述的一些逆势的方法），每次赚钱的成功率比较高，但赚的钱不多，尤其是做小级别背驰，要经常去找机会，做起来很辛苦，而且账户较难做大。后来看了《股票大作手回忆录》深受启发，才算是转移到交易的正道上来。从此之后，对"大势"的重视达到前所未有的高度。操作次数越来越少，等待时间越来越长，但抓到一波就是一大块肥肉。

因此，大家一定要转变以前的那种赚取正财的思维。当自己的思维对路了，才能避免走上一条辛苦不赚钱的错路。我和很多交易员交流，发现很多人的思维方式，本身就是把自己往这种错路上引的，具体如下：

例1：有人提问，假如我每天赚1%，坚持下去能够实现财务自由吗？

解析：这是不是典型的正财思维？一次赚一点，每天辛苦工作，慢慢把资金做大，是不是跟上班族领工资很像？大部分人刚刚炒股时，都习惯性地落入这种思维惯性里面，这种思维，容易把人引向短线、超短线的道路上。

事实上，机会的价值是不均等的。有时有极高的操作价值，比如在牛市中，人人都在赚钱，操作难度很低。有时候操作价值很低，比如波澜不惊的震荡市，没有什么大利润可言。所以，交易不可能像开门市、领工资一样天天赚，月月赚，尤其是大行情，往往是"三年不开张，开张吃三年"。不仅做股票、期货也是这样，你可以看看自己周围做生意致富的人，是不是赚钱的速度并不是每天、每个月都一样？

如果你用偏财的思路去做交易，眼光就会放长远，格局会放大，会更加珍惜少数大机会，耐心等待大机会，学会借助趋势的力量，而不是钻研技术。技术是有价值的，但与大势相比，就比较渺小。

例 2：有人提问，假如自己有百分之百预知股票涨跌的能力，我能否在三年内将 1 万元炒到 100 万元？

解析：正财思维的人，喜欢确定性的东西，于是把精力用在寻找预测的方法上。然而市场走势是不确定的，无法精准预测的。

假如真的有百分之百预测股价走势的能力，我会十分珍惜，我会把自己的所有积蓄用来炒股，干吗要用 1 万元起步呢？遇到百分之百的机会，干吗只赚 100 万元呢？遇到重大机遇，却想着只赚点小钱，是胆识不足、错过机遇的表现。

可惜，以上想法全是白日梦。巴菲特等一些投资成功人士，常常有买入就被套的经历，而且往往不能卖在最高点，但他们都赚到了巨额财富。可见，投资成功并不完全依赖预测价格涨跌的能力。

青泽先生曾说："我一直期望找到百分之百预测准确的方法，交易多年后，我发现预测的准确率并不重要，甚至可以忽略。"我要告诉大家，高手操盘的感觉是：无论市场怎么走，最终我都是赚（这里说的是最终，不是单次）。

交易员在股市、期市能够获利，不是因为他能够预测价格的涨跌，而是他在对的时候赚得很多，错的时候亏损很少。早点摒弃预测思维吧，不然做不好投资。

例 3：你的交易系统是否能抓住每一波行情？

解析：正财是劳动付出所得到的收入，因此，正财性格的人，会比偏财性格的人珍惜钱财，养成节俭的美德，但也会有吝啬的一面。他们舍不得放弃行情，巴不得每天都做几笔交易。他们看到价格上下波动，就会在心里盘算着假如我在这个低点买入，然后在后面这个高点卖出，跌下来后就在后面这个低点再买入。变成一种"数钱交易"：心里想的是账户的金钱而不是 K 线图、策略、盈亏比。这会对交易产生极大的干扰，让人患得患失，丧失执行力。

事实上，做交易要放弃很多机会，只做自己拿得准的机会，只做自己的系统发出信号的机会，只做猎物撞到你枪口上的机会。因为盈亏同源。如果你想抓住所有的机会，必然也抓到所有的损失，比如海龟交易法则可以抓住所有趋势性大行情，也会抓住所有的假突破导致的损失。

想抓住所有的行情，这个实验青泽先生做过，他还找了一些高才生一起做的，后来自认为这是个失败。他引用老子的话："少则得，多则惑"，还说"哀莫大于心不死"。我以前也综合用过几个各不相同的系统，操作起来人比较忙，收益率也并没有提高多少，后来，我的方法越来越简单化了。因为我逐步意识到，抓一大堆烂机会不如专心抓住每年 3~5 波的大波段、大趋势，至少做起来轻松。而且从一些成功交易员的投资业绩看，获得暴利的人也都是专心抓住一些大机遇的那些人。这也是我逐步去除正财思维，彻底转变为偏财思维的标志。

例 4：喜欢每一笔都赚钱，做不到通过多次小亏换取一波大赚。

新手大都喜欢扛单，如果账户里有多只股票，常常把盈利的股票清仓，把亏损的股票留着。而利弗莫尔却多次强调：卖出亏损的股票，持有盈利的股票。为什么会这样呢？数据表明，98.8% 的单子，如果不止损，在未来两周内都可以扛回来。于是新人遇到亏损，都喜欢不止损且一直拿着，一直到回本为止。这是一个很不好的习惯。因为剩下的 1.2% 单子属于那些扛不回来的单子，注定是大亏。即使扛回来也只能回本或者小赚，扛不回来大亏，那么长期而言，交易的结果就是小赚、保本、小赚、保本、大亏、小赚……照此下去迟早是以失败收场。而以利弗莫尔的思路，即使做得不好，也可以做到小亏、保本、大赚、小亏……长期下来很难亏损。

例 5：亏损时喜欢死扛，拒绝止损，盈利时喜欢落袋为安，反对浮盈加仓。

这一点在 4.10 期货屠龙术：浮盈加仓中有详细分析，此处不再赘述。

5.5 危机与自律

1. 大危机蕴藏大机遇

2019 年底，由于特殊原因，对资本市场造成了严重的恐慌，尤其临近春节长假，股市、期市都不开盘，人们无法预料在 7 天长假加上周末这么长的时间内会发展成什么样子，因此，很多交易员为了避险纷纷撤出资金，导致市场大跌。原油的期货近月合约甚至跌成负油价。

当原油跌得比矿泉水还便宜时，很多交易员知道这种情况肯定不会长期持续。因此，以原油为生产原料的化工品 PTA 也不可能长期在那么低的位置。于是，一些交易员在自己的资金能够承受的前提下一直在逢低买入 PTA，最后获得了一笔丰厚的利润。

2. 危机与实力缺一不可

从上面的几个例子还可以看出，并不是出现危机时就一定要冲进去，也不是哪里有危险就投哪里，要抓住机遇，危机与实力缺一不可。比如，巴菲特能成功，主观上因为他对价值投资有深刻的理解，客观上他有能力获得超大量的低息现金用于投资。

又如，在 2020 年那次大幅下跌中，很多人都抄底了，但大多数人都被"洗"了出来。有的人是因为过早的重仓买入，在反转之前被强平了，有的人买入后受到市场恐慌情绪的影响，尤其是原油跌到负油价的新闻让人们认为市场是没有底的，导致他们不敢继续持有头寸，在低位忍痛割肉了。总之，要赚取危机中的利润，一方面，要对机会有清楚的认知；另一方面，要有足够的资金实力。我们由此可以引出一个思维模型：危机受到克制，化为机遇，克制可以分为如下两种：

无情的克制：代表疾病、灾害、挫折等。凡是能克服这些困难的事业，都是一种机遇。比如医疗行业，帮助人们治愈疾病，可以获得稳定的收益。保险行业帮助人们分担车祸、意外、疾病造成的损失风险，也是利润很高的行业。帮助人面对挫折的行业，包括心理咨询、成功学等。危机越大，机遇也越大。

有情的克制：代表法规、领导的管理和内心的自律。凡是干大事，获得事业稳步发展的人，没有不具备自律品质的。对于那些上班喜欢迟到旷工、工作不认真不尽责的人是不适合做高风险投资的，就算有老师指点，也很难获得成功。

3. 挫折、磨难的正面意义

有人说，不经历几次爆仓不足以谈期货，如图 5-5 所示。这种说法有一定的道理，因为重大打击是让人成长最快的方式。

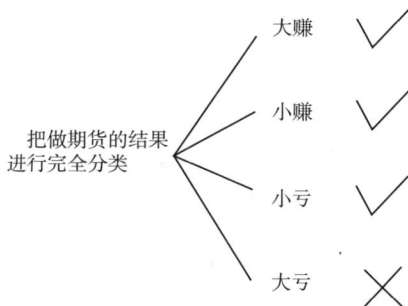

图 5-5　做期货的结果分类

期货人也是如此，爆仓几次之后，基本上那些重大错误都不会再犯了，重大错误不碰，后面就只剩小亏、小赚和大赚三种情况了，于是走向了成功之路。散户出现大亏最常见的一个原因是逆势加仓，越亏越买。如果把这一个缺点改掉，可以避免很多损失。

利弗莫尔说过：破产是一种很好的学习方式。人们常常在亏损时努力去学习、去反思。

当然，我并不赞同爆仓是成功的必要条件，也不是必须先破产才能成功，而是指出挫折、磨难的正面意义。其实，挫折和磨难是好事还是坏事，取决于你能不能战胜它们。如果你战胜了挫折和磨难，那么它们就是你成功路上的垫脚石，是你坚强意志力的磨刀石，是你的宝贵经验。反之，如果你不能战胜它们，那么它们会是你一辈子不愿提及的心理阴影。

5.6　智者知止

在现实生活中，我曾遇到好几位做期货的人亏损累累，不知道该怎么办？有的向我请教交易的方法，有的希望跟着我做单。我一般会劝他们不要心急，暂时远离市场，总结过去失败的原因，不断学习知识，逐步建立正确的交易理念。然后从简单的行情做起，从自己拿得准的行情做起，一波一波复利积累，虽然耗时很长，但是别无他法。

其实，在交易之初，你就应该有正确的战略选择，避免巨亏的情况发生。

5.6.1　交易人生的战略选择

《孙子兵法》有云：用兵之法，十则围之，五则攻之，倍则分之，敌则能战之，少则逃之，不若则能避之。

兵圣孙武认为，带兵打仗，如果兵力超过敌军，可以采取围之、攻之、分之等偏主动的策略。但是，如果兵力不占优势，就要学会退却，以免吃亏。如果兵力远不如敌人，要赶紧躲得远远的，避开对方的锋芒。

连续亏损的人，他的操盘实力在市场中处于敌强我弱的地位，逃跑是唯一的出路，拼死抵抗不是一名优秀战略家的行为。经过不断地学习、总结和历练，等你能力提升之后，攻守之势逆转了，才可以从战略防守转换到战略进攻。在此之前，要默默隐忍、不断蓄积力量，聚小流而成江海，随着操盘能力和资金量的积累，你也会有成功的一天。

我在做投资之初，是用 100 元买基金起步的，因为当时自己还是小白，所以十分谨慎。现在可以不畏风险的大笔买入、卖出，得益于在市场中数年的历练。我奉劝新人做交易可以先做模拟盘或者从一手开始做，能够稳定盈利之前绝不增加本金。这样不至于亏损累累，以至于学会交易后的数年都在还债。

我在学期货的过程中，也曾因为极端行情发生过巨亏，心里十分难过。还好不久，我抚平了心态，然后从一手豆粕慢慢做起，这个过程中也养成了只做高胜率、高盈亏比行情的习惯，这是最宝贵的，这个习惯比赚多少钱都珍贵。具体过程大概是：先用 1 手豆粕耐心等待一次几乎必赚的机会，赚到第一个 1 万元。获利 1 万元之后，我用 1 万元的风险去赚 3 万元，等我赚了 3 万元之后，用 3 万元的风险去赚 9 万元，等赚了 9 万元之后，耐心等一波周线级别的行情，后面基本上就可以轻仓做大多数品种了。一开始进展很慢，后面越来越快。但也要花多年时间，不能着急。

对于已经巨额负债的人而言，这个过程也太慢了。但是，你还有别的方法吗？重仓赌一把，可能会赢，但更大的可能性是越陷越深。上述方法的优点是让自己拥有一个良好的心态和资金的高度安全性（最多亏完一开始的一点儿本金）。如果你投入大资金当然可能更快成功，但也可能面对更大的亏损，收益和风险永远对等。我是个十分谨慎的人，所以，我选择慢慢来。

不断亏损的人把本金降到最低是一种智慧，当敌强我弱时保存实力是明智之举。连续亏损的人先别考虑回本的问题，而是考虑保本的问题。假如你没有能力盈利，在市场就是给别人送钱。回本或者获利是有能力赚钱之后的事情。

5.6.2　懂得放下，人生之路更加广阔

回首以往的交易经历，我常常想起一个童话故事：《熊皮人》，主人公的命运与交易员的心路历程多么相似啊！

从前有个年轻人应征入伍，在战争中他表现得十分英勇，屡立战功。可是当和平来到时，军队被遣散了。除了打仗，他没有一技之长，他没有父母，亲人不愿意收留他。他一个人坐在树下，无路可走，前途渺茫。

然后他的眼前出现一位身着绿色外衣的人，"我知道你需要什么"，那人

说道："在 7 年中，你不能洗澡，不能修胡子，不能理发，也不能剪指甲，一次都不行。我给你一件上衣和一件斗篷，你必须穿 7 年。如果在 7 年中，你死啦，那你就归我了；如果你还活着，你就自由了，而且下半辈子非常富有。"士兵意识到那人就是魔鬼。面对自己目前的绝境，回想过去出生入死的生活，士兵决定再冒一次险，于是就同意了以上条件。魔鬼脱下了绿衣，递给士兵，说道："如果你穿上这件衣服，把手插进口袋，你会发现里面总有满满的钱。"然后给了他一张熊皮，说："这就是你的斗篷，而且是你的床，从此你只能睡在这上面，不能睡在其他任何床上，以后你就叫熊皮人。"说完，魔鬼就消失了。

士兵穿上那件衣服，他迫不及待地把手伸进口袋，发现那是真的。然后他穿上熊皮，走进人世间，享受了金钱给他带来的短暂的快乐。可是第二年他看起来就像是魔鬼了。他的长发遮面，胡须像一块粗糙的毛毡，手指像兽爪，满脸是厚厚的污垢。由于无处居住，他常常在森林里游荡。有时候路过闹市，有的小孩一看见他就给吓跑了，有的小孩朝着他扔石头。他路过一家旅店，可是店主不招待他，因为怕他把马给吓着，甚至不让他住在马圈里。这时熊皮人把手插进口袋，掏出一大把金币，店主才勉强同意让他住进外宅的一间屋子里。但是店主要求熊皮人别让其他人看见，否则会坏了旅店的名声……此时他常常偷偷地哭泣，不知道当初的选择是不是对的，不知道自己能不能熬过这 7 年。

童话的结局是美好的，他在这 7 年里帮助了很多人，认识了一位不嫌弃他的美丽女子。7 年后，一切焕然一新，他穿上华贵的丝绒大衣，坐上一辆四匹马车前来迎接这位美丽的姑娘去城堡里幸福地生活。可是大部分做股票期货的人，做了 7 年还是看不到希望。

幸运的是，投资市场中除了股票、期货，还有基金定投、债券、套利等低风险的投资品种，每年也会出现一些弯腰捡钱的机会。对于那些在市场沉浮多年依然无法盈利的人，我会建议他做中长线，如果还做不好，那就做基金定投，如果还是不行，那就退出市场，在其他领域或许有更大的天地等着你去闯。

第 6 章

缠　论

6.1 缠论之"患"与"不患"

缠师在讲解论语时提到"患"与"不患"的概念，简言之，"患"是指不确定，"不患"是百分之百的确定性。当我们在不确定的走势中找到了确定性的结论，我们的操作才有了坚实的基础。

在与一些期货老手交流时，我能体会到相当多的人把这种思路作为思考的底层逻辑。在本书中，我多次用到"患"与"不患"的思维模式，比如有时用来制定策略，有时用来做 T，有时在期货中合约换月时使用等，这个思路贯穿我的整个交易体系中。

下面是缠师讲的一段话：

任何级别的所有走势，都能分解成趋势与盘整两类，而趋势又分为上涨与下跌两类。以上结论，不是从天而降的，而是从无数图形的分析实践中总结出来的……这个从实际图形中总结出来的简单经验，却是一切有关技术分析理论的唯一坚实基础。这个基础，所有接触技术分析的人都知道，但可惜没有人能深究下去，然后沉入技术指标、交易系统等苦海不能自拔。试想，基础都没搞清楚，又有什么可立起来？而基础稳固了，技术指标、交易系统等都是小儿科了。

——摘自《教你炒股票 17：走势终完美》

看完上面这段话，你会有什么感觉？新手可能会觉得不知所云，而对于久经沙场的老手，学习过多种理论和风格之后，会有一种心心相印的共鸣之感。

价格的走势形态，可大致地分为上涨、震荡、下跌。一种走势形态结束之后，必然转化为另外两种走势中的一种。这是一个很简单的道理，就像 1+1=2 一样被人们广泛接受，也常常被人忽视，极少有人去深究这个道理的用法。然而，看似简单的道理，却是复杂道理的基础。基础研究越深入，你将来功力也会越深厚。

这个策略运用的难点，是判断目前的走势什么时候真正结束。比如，震荡走势，我们知道将来必然要转化为上涨或者下跌，但不知道什么时候真正转化，突破介入后可能会遇到几次假突破。对于下跌走势，我们知道将来必然要转化为震荡或者上涨，但不知道什么时候转化，这个过程中你会遇到出现买入后继续创新低的可能。这个问题是没有人能够百分之百正确地解决的。缠师曾说：

原来是在一个趋势中，该趋势是否延续还是改变成相反的趋势或盘整，这样的问题在当下的层次上永远是"不患"的，无位次的。任何宣称自己能解决这个两难问题的人，就如同在地球上宣称自己不受地球引力影响一样无效，这是任何面对技术图形的人都必须时刻牢记的。

虽然缠论的买点是理论保证的百分之百安全的买点，但是在实践中，不管运用什么分析方法，你想要提前百分之百准确预测走势是否终结，是不可能的。这一点你要牢记在心。这也提醒我们：在发现原来的走势没有终结时，一定要考虑止损。不要以为学了什么高深的理论，就能保证操作是百分之百准确。缠师说的"理论保证的百分之百安全的买点"，是指在理论模型中百分之百确定，并不是实战时百分之百安全。

"患"与"不患"本来就是相互依存的，这个原理的另一个表述是"盈亏同源"。正是因为有了"患"，才会有"不患"，如果"患"消失了，大家对价格的涨跌了如指掌，这个市场就没有存在的必要了。因此"患"是必然存在的，不可能消失。

下面详细解析上面的策略。

6.1.1 横盘走势终结后，必然转化为上涨或者下跌

当价格出现长期的盘整，将来必然要出一个方向，要么向上突破，要么向下突破，示意图如图 6-1 所示，而且运行幅度不会太小（因为大级别的盘整对应大级别的趋势，类似股民常说的"横有多长，竖有多高"）。如果运行幅度太小又回到盘整，则可以先止损，再次等待突破，直到抓到一波较大的利润为止。

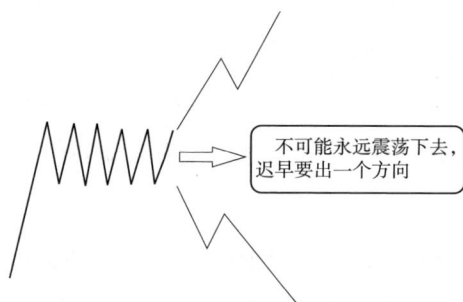

图 6-1　长期盘整后向上或向下突破

人们之所以很少使用这个策略，有的人是因为没有耐心去等待长期横盘后的突破，有的人是遇到几次假突破就放弃了，有的人是觉得太简单、不可靠。但是，聪明的交易员不会放弃这个思路。这个策略有两个较大的弱点：一是怕遇到假突破，示意图如图 6-2 所示。

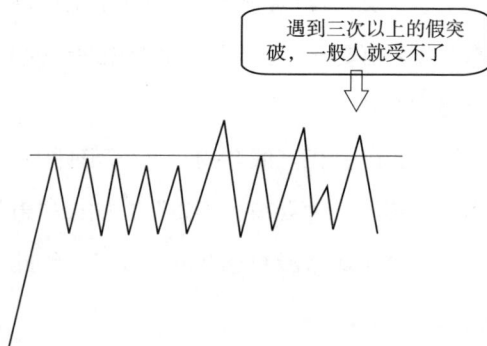

图 6-2　三次以上的假突破

二是突破后没走多远又跌回区间，赚的钱还不够止损，示意图如图 6-3 所示。

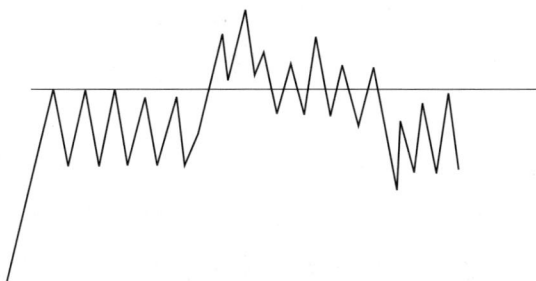

图 6-3　突破又跌回区间

这个策略的难点就在于解决这两种情况。很多人开始学习研究各种分析方法，研究怎样避免假突破，研究止损止盈的幅度，但这样很容易陷入两难境地，当你避免假突破时，偶尔也会避免真突破，当你把止盈幅度设置较大时，也需要忍受利润回吐的情况。

其实上面两张示意图中的这两种情况，虽然出现了几次假突破或者突破失败，但后续可能引发更大级别的趋势。类似于缠论中的中枢升级，由一个某级别中枢变成更大级别的中枢，那么，后续会产生一个更大级别的第三类买卖点，一般足以弥补之前止损的亏损。也就意味着我们可能遇到多次假突破导致多次止损，但止损越多，后续真突破后，产生的趋势往往也越大，一般足够弥补前期止损导致的损失。即使没能完全弥补，一般也能挽回大部分损失。而且这样的情况并不是长期出现的。只要你一致性地严格执行，获得正收益的可能性就会非常大。

为了避免多次止损带来的损失，除了严格执行，我在实践中总结出以下规则：

选择较长期的震荡，然后在小级别进行操作。一个较长期的震荡，也就是缠论中级别较大的震荡。一个大级别震荡，突破后可以预期一个较大的趋势。再加上我是在小级别操作的，因此，"盈亏比"比较可观，一般情况下一次盈利可以覆盖多次止损的损失。

不要选择宽幅震荡，选择窄幅震荡，而且成交量逐步缩小的情况。价格出现宽幅震荡时，基本面常常不明朗，多空力量均衡，价格处于走势不明的状态。而窄幅震荡常常是蓄势待发的情况，尤其是成交量同步缩小时，更加印证了这种情况，说明有主力在收集筹码，一旦放量突破，则真突破的成功率比较高。

选择趋势强烈的品种，避开趋势不明的品种。在趋势强烈的走势中，价格走一段之后，就会出现一段时间的调整，此时经常出现一些经典的调整形态，比如矩形整理、三角形整理、旗形整理等，一旦向原方向突破，真突破的概率很大。而且由于趋势强烈，即使出现假突破，次数也会很少。

本质上，这个策略是缠论中的第三类买卖点，我习惯于突破时介入。在现实中，有些人习惯做突破，有些人习惯做回调，这并没有好坏之分。就像十八般兵器，并不是哪一种兵器更厉害，主要在于使用兵器的人能不能用好。

你不要小看这个策略，斯坦利·克罗的《期货交易策略》中的第一章第三节《务求简单》中，克罗讲了一个故事，大致内容是：有个交易员是这样操作的，当咖啡豆的价格处于一个较长期的横盘时，他在横盘区间的上轨设置了一个开多的条件单，在下轨设置了一些开空的条件单。后来价格向上突破了，他就这样死死拿着。

投资人非常担心，问他为什么要开多？他没办法回答，因为没有多少投资人相信简单的技术分析。他看到窗外寒冷的天气，就随便编了一个理由：寒冬已近，严重的霜害会伤害咖啡豆作物，减少收成，做多正是因为收成减少会促使价格上扬。人们都相信了。后来咖啡豆价格果然涨了一大段，他收获到了一笔较大的利润。

不过，他事后才想起来，盛产咖啡豆的巴西在南半球，他所在的北半球的冬天正是南半球的盛夏。所以，不可能有霜害对咖啡豆的产量造成影响。但是这个理由，应付那些投资人是足够了。

斯坦利·克罗提出做期货著名的 KISS 法则（keep it simple stupid,

KISS），也就是"务求简单，简单到不必用大脑的程度"。这个方法不需要看基本面，不需要看消息，不需要每天盯盘，大部分时间都是等待，是不是很简单？但我知道，大部分人还是坚持不下来。还会去探索避免假突破的方法，去探索止盈的方法，希望买在最高点，越搞越复杂，这样很容易让自己走上歧路，影响了自己的执行力。然而有时执行力才是成功的关键因素。

6.1.2　下跌走势终结后，必然转化为上涨或者震荡

这一原理的具体用法，在本书 2.4 简化缠论、4.7.3 大趋势后的反转、4.2.7 关于换月的操作方法及 4.8.2 寻找介入点，都有详细的论述，此处不再赘述，下跌趋势终结后，必然转化为震荡或上涨，如图 6-4 所示。

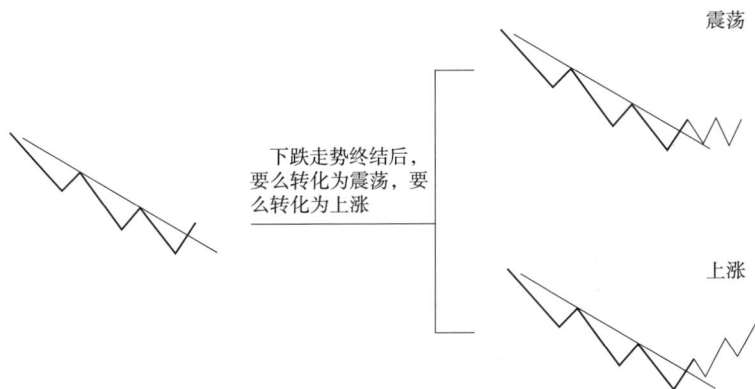

图 6-4　下跌趋势终结后的走势

本质上，这个策略就是缠论的一买和二买。

我和缠师在运用这个策略时有所不同。缠师提出运用背驰的方法进行判断，而我更喜欢用均线或者趋势线来判断，因为简单有效。下面我把运用的要点重新总结供大家参考，以做多为例：

选择趋势比较流畅、强烈（斜率比较大）的走势进行操作。因为趋势强烈的走势，一旦反转，其后的走势也常常比较剧烈，规律性强，比较容易把握。

如果不够强烈、流畅，说明多空双方胜负未分，走势处于不明朗的状态，规律性很差，很难操作，示意图如图 6-5 和图 6-6 所示。

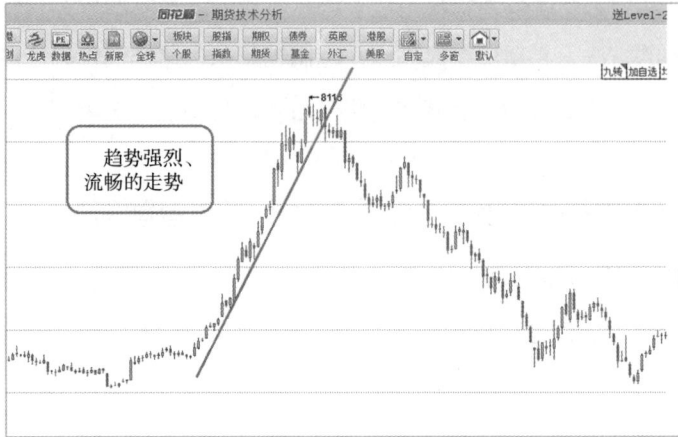

图 6-5　趋势强烈、流畅的走势

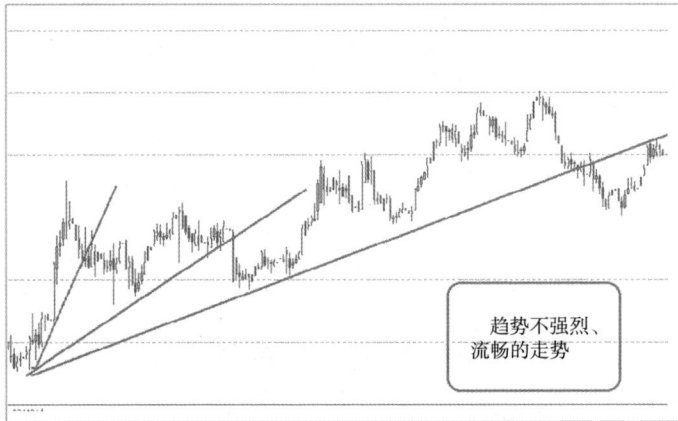

图 6-6　趋势不强烈，流畅的走势

　　如果趋势不强烈，则选择较长期的下跌趋势，然后在小级别进行操作。选择较长期的下跌，是为了放大级别。一个较长期的下跌，一旦终结，其后的震荡或者上涨幅度也会比较大。并且，我们是在小级别操作的，因此，"盈亏比"比较可观，一般情况下一次盈利可以覆盖多次止损的损失。

你可以结合大盘、成交量、基本面综合判断，进一步提高胜率。在股市中，如果大盘出现了周线、月线级别的背驰，那么见底的可能性比较大。如果个股正好处于历史市盈率、市净率的低分位，并且有资金介入的迹象，那么趋势反转的可能性很大。

只要是大级别的反转，而且基本面处于低估状态，那么，你可以不断通过高抛低吸降低成本。缠师说先降到 0 成本，再不断增加筹码的数量，这个难度有点儿高。我们一般人，把成本降到止损位以下还是比较符合实际的。此时，你相当于用 0 成本在博取一个未知的大赚，由于是 0 成本，你的耐心和持仓意志力都会特别好。

6.1.3　上涨走势终结后，必然转化为下跌或者震荡

它只要与第二条反向理解即可，这里就不再赘述了。

本节所讲到的思路，是很多成功的交易员经常使用的。有一位交易员，他的好几个亲戚做期货都赚了钱，于是他向亲戚请教，他的亲戚告诉他无非就是遵循"宽幅震荡时到下轨做多，上涨时逢低做多，下跌时逢高做空"这些大原则。他本来不太相信，以为亲戚不肯告诉自己真正的秘诀。后来他看了上百本交易书籍，亏过 200 多万元之后，总算相信了这个原则。

在《炒股的智慧》这本书中，作者也介绍了类似的思路：首先辨别走势类型，如果目前是宽幅震荡，可以在震荡的下轨买入。如果是在上涨趋势，可以逢低买入。

在斯坦利·克罗的《期货交易策略》第 1 章中，他指出了做期货交易的几条常用的策略，其中前两条如下：

一是只有在市场展现强烈的趋势特性，或者你的分析显示市场正在酝酿形成趋势，才能放手进场。

二是假设你正要顺势操作，进场点有如下几个。

前一个趋势显著反转之处，如图 6-7 所示。

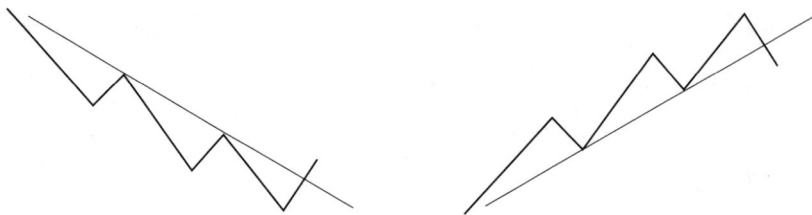

图 6-7　前一个趋势显著反转

横向整理后显著向某个方向行进，如图 6-8 所示。

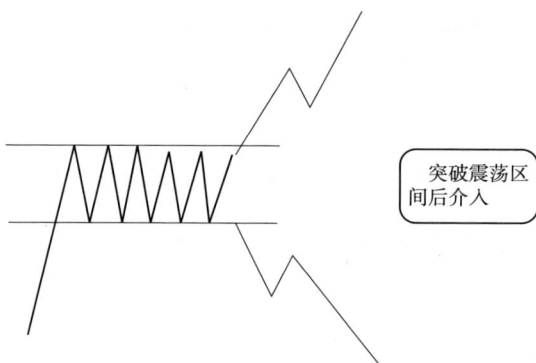

突破震荡区
间后介入

图 6-8　横向整理后显著向某个方向行进

主趋势不变的情况下，出现涨多回跌或跌深反弹，如图 6-9 所示。

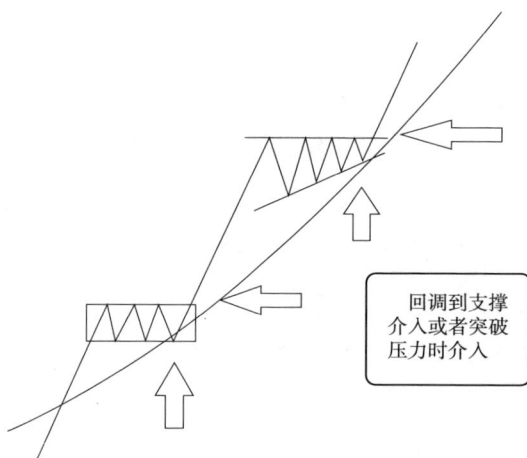

回调到支撑
介入或者突破
压力时介入

图 6-9　涨多回跌或跌深反弹

如果你仔细分析斯坦利·克罗的以上策略，就会发现，与本节的策略大体上是一致的。这也是本书最常使用的策略，是缠师在整个缠论中反复使用的思维方式，是整个缠论重要的底层逻辑之一。这个思路在不确定（患）的走势中，找到了确定性（不患），让自己的交易处于"未战而先胜"的优势之中。随着你操作的资金不断增加，在不患之中，你才能有信心和底气去保持坚定的执行力。

我认为本节只是缠师和很多成功的交易员把从"患"到"不患"的一种思维方法，交易风格是多种多样的，我们应该放开思路，探索出更多的思维角度，只要是能够形成严格的逻辑闭环的系统，都可以在"患"中找到"不患"，都是值得研究的系统。

我之所以较少使用基本面作为操作依据，是因为普通人的研究水平和掌握的信息都不具备优势，加之普通人得到的信息常常只是整体信息的冰山一角，很难通过基本面形成逻辑闭环，以制定出一个"算无遗策"的策略。比如，在美股上市的中概股，由于不确定因素影响导致中概股发生惨痛的下跌，连查理·芒格也亏损割肉了。因此，在大多数情况下，我是在操作的标的严重低估时才运用基本面判断方向，因为此时的胜算非常大，而且要严格按照技术性买点出现时才介入，等于给自己的操作加了一个双保险。

6.2　缠论之完全分类

预测和分类是两种不同的思维方式，普通人习惯性用预测的思维方式考虑问题，而成熟的人常常使用分类的思维方式制定策略。因为成熟的人都知道，很多事情是无法预测的，就算某件事情发生的概率为 99%，那么，还有 1% 的可能性发生不利情况，而这 1% 情况却是需要重点防范的。

6.2.1　简单说明完全分类的思维方式

下面以警察抓贼的例子来说明完全分类的思维方式。如图 6-10 所示，假设警察把完全相同的三个贼a、b、c围堵在一个房间里，这个房间有A和B两个出口，这三个贼已经被困很多天，准备突围逃跑。假设一名警察可以击败一个贼，两名警察可以击败两个贼，三名警察可以击败三个贼，那么应该怎样合理配置警力，才能以最小的警力确保把贼抓住呢?

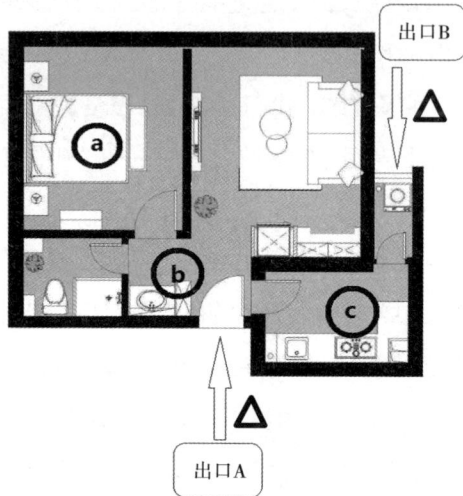

图6-10　警察抓贼（1）

显而易见，根据题目中的已知条件，a、b、c三个贼有以下几种突围逃跑的可能性：

三个贼都从出口A逃跑。

两个贼从出口A逃跑、另一个贼从出口B逃跑。

一个贼从出口A逃跑，另外两个贼从出口B逃跑。

三个贼都从出口B逃跑。

根据以上假设和已知条件，在出口A和出口B各布置三名警察，就可以确保万无一失地完成任务，如图6-11所示。

如果我们增加一个条件：

两名警察虽然不能击败三个贼，但可以堵住出口让他们无法出逃，双方处于僵持状态。

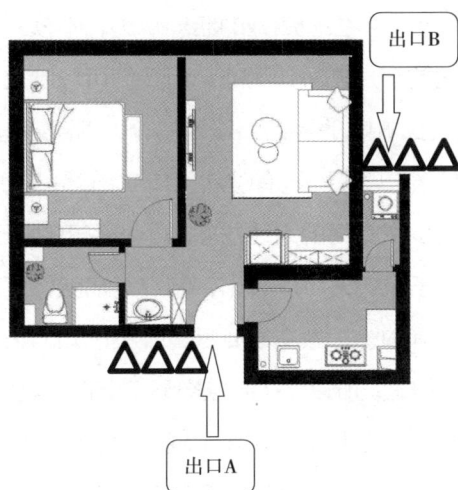

图 6–11　警察抓贼（2）

那么，可以实行图 6-12 中的警力布置，在拐角处布置一名警察，在出口 A 和出口 B 各布置两名警察。如果三个贼都从出口 A 出逃，那么拐角处的警察可以迅速跑到出口 A 支援。如果三个贼都从出口 B 出逃，那么拐角处的警察可以迅速跑到出口 B 支援。这样无论房间内的贼怎样出逃，警方都可以万无一失地确保完成任务。此时，增加了一个已知条件，于是减少了一名警力布置。

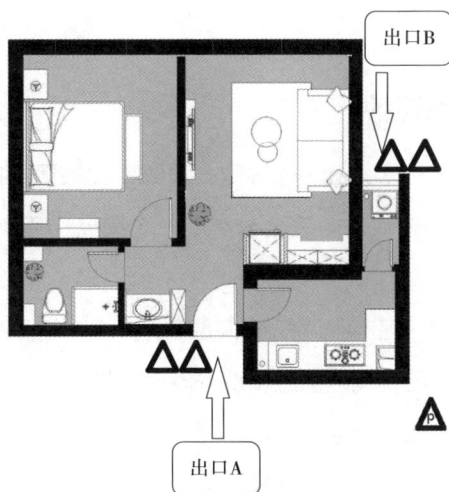

图 6–12　警察抓贼（3）

在上面的例子中，我们不去预测贼的活动轨迹，不预判有几个贼会从哪个出口出逃，在贼出逃之前都是无法预测的。但我们可以制定出确保抓住贼的行动方案。如果警察通过探听贼的谈话，认为三个贼都会从出口 A 出逃，从而把所有警力布置在出口 A。那么一旦有贼从出口 B 出逃，则围堵计划就会失败。道理虽然简单，但是很多做交易的人往往忽略小概率事件导致惨痛的亏损。

同时，从上面的例子我们还可以看出，制定策略就像解方程，已知条件越多，越能够得到相对精确的解。做交易要尽量收集已知的条件，以便制定损失最少，盈利最大的交易策略。所以，在制定交易策略时，我会综合参考基本面、技术面、市场心理等因素，已知条件越多、越准确越好。比如，在做多商品期货时，如果处于成本价附近，在做好资金管理的前提下，我会相对激进一些。

以上只是用一个简单的理想化模型来说明完全分类的应用，现实情况要复杂很多，需要考虑更多的因素来制订更完善的计划。

交易是一种博弈，就像下象棋，当一方把对方将死时，对方无论怎么走都是死局。做交易也是如此，要设计一套策略，考虑到各种可能发生的情况，无论价格怎么走，我们都是赚。

做交易，要尽量依靠逻辑推理把策略做到极致，把预测的作用降到最低，毕竟这是赢家共通的思路。

6.2.2　未算胜、先算败

《孙子兵法》有云：未算胜，先算败。强调不要被可能的胜利蒙蔽了双眼，需要先考虑明白失败后的代价。完全分类的一个重要作用就是把最坏的情况推演出来，予以防范。

那些著名的投资家，无不强调把最坏的情况考虑清楚。巴菲特说："我很少和别人谈自己成功的经历，我更愿意和别人谈自己失败的教训""如果有什么利好不必告诉我，如果有什么利空一定第一时间告诉我"。斯坦利·克罗非常强调墨菲法则：如果某事可能变坏，这种可能性就会变成现实。在斯坦利·克罗的书中举了一个生动的例子：假定你把一片干面包掉在地毯上，这片面包两面都有可能着地。但是假定你把一片涂有一层果酱的面包掉在新地毯上，常常是有果酱的一面落在地毯上。他用这个例子告诫交易员不要忽略坏事发生的可能性。

　　我在制定交易策略时，常常把走势按照从强到弱分成图 6-13 中五种情况，依次考虑。比如，我使用均线交易策略，线上做多、线下做空，那么遇到第一种、第五种走势，盈利比较大，遇到第二种、第四种走势，虽然会多次打止损，

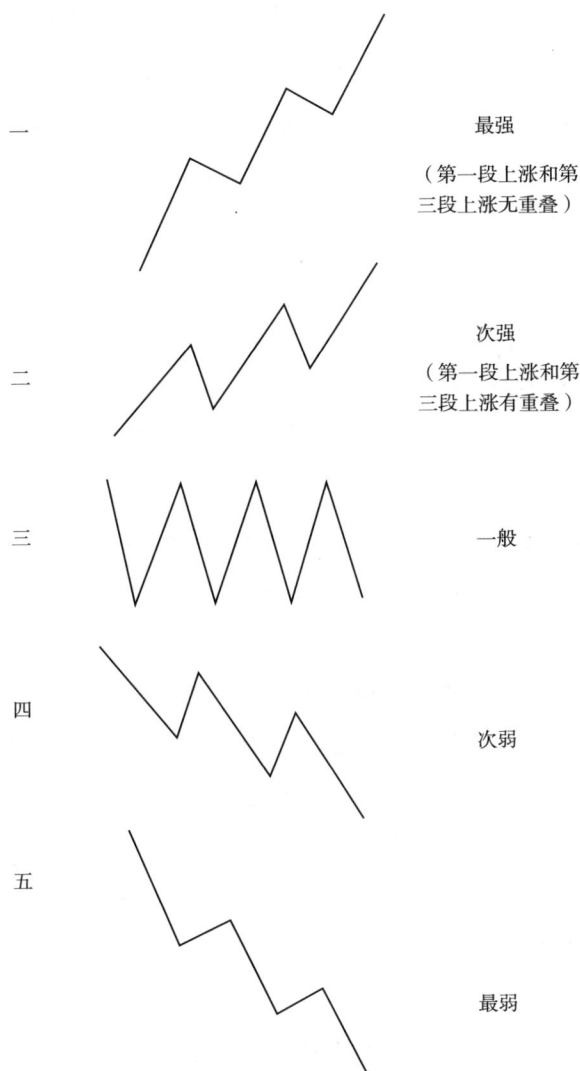

一　　　　　　　　　　　　最强

（第一段上涨和第
三段上涨无重叠）

二　　　　　　　　　　　　次强

（第一段上涨和第
三段上涨有重叠）

三　　　　　　　　　　　　一般

四　　　　　　　　　　　　次弱

五

最弱

图 6-13　走势按照从强到弱的五种情况

但依然可以盈利，遇到第三种走势，会反复止损，无法盈利。因此，在实际操作中，会重点考虑发生第三种走势时应该怎样处理。一旦走势疲弱陷入震荡，我一般会先避开，等待走势活跃时再介入。

6.2.3 完全分类对心态的影响

心理学认为，人们往往在事情发生后，反倒不是很在意，而在事情可能发生的阶段最为焦虑。比如，在一次重要的考试之前，有些人会因为压力大而睡不着觉，有的人甚至发生肠道应激综合征腹泻，有的人抽签抓阄想知道自己能不能考试通过。当考试成绩公布后，即使没有考上，也能够安然入睡了，腹泻也自愈了，虽然内心会难受一阵子，但不如考试成绩公布前那么煎熬。

我们在做交易时，如果价格在止损位附近晃悠，或者连续打几次止损之后，或者长线投资被套时，交易员的内心会十分煎熬。他们会打开软件看外盘的情况，去网上看财经节目，查询各种研报，去论坛询问高手……虽然理性告诉他，这些全都是徒劳的，严格按照自己的交易计划执行才对，可是人们就是做不到。

心态干扰是做交易的头号敌人。由于心态的影响，有些交易员难以忍受价格的不利波动，在行情发动前清掉了手里的头寸。而通过完全分类，我们把所有可能发生的情况都考虑一遍，重点思考那些最不利的情况能不能承受，怎样处理。如果最不利的情况都能接受，这笔交易才值得去做，不然就不值得去冒险。只要我们把最不利的情况都处理妥当了，在具体执行交易计划时，最好抱着最坏的打算，降低期望值，这样心态就会平稳一些，执行力会好很多。

6.3 缠论之区间套

从技术分析的角度来看，区间套的含义可以概括为：大级别走势图看方向，小级别走势图找介入点。但是，如果交易员的眼界仅仅局限在K线图中，那么操作起来会遇到很多不确定性。在我看来，区间套的本质是战略上着手、战术上着眼。区间套应该从广义去理解，把基本面和板块轮动结合起来用。本节写作的初衷，是我看到相当多的学缠交易员，缠在走势图中无法盈利，他们不断地画图，不断地学习原文，依然无法盈利。希望看到本节的读者，能够回归简单，把握本质，解脱缠缚。

6.3.1　技术分析角度的区间套

缠师的区间套，是指在大级别图形发生背驰时，你可以去小级别找介入点。就像用显微镜去观察一个事物，可以更加精准。甚至缠师可以从月线、周线、日线、1 小时级别一直往下推导，直到 1 分钟级别。这说明给缠师一只股票，他能够精确到 1 分钟级别并指出这只股票的最低点。

我认为，这样的表述过于夸张。在实际操作中，仅仅依靠 K 线图想实现以上的效果，几乎不可能。或许缠师能够做到，那也必须依靠对基本面的深刻了解，对市场整体状况的精准把握，以及炉火纯青的技术境界。对一般散户而言，几乎不可能做到，也没必要去做。

缠师所说的这种区间套的思路，相当于教人抄底。然而很多交易大佬一再告诫，不要抄底、不要抄底。利弗莫尔也说过，要放弃抓住最高点或者最低点的努力，这两个是世界上最昂贵的点。

肯定有朋友会反驳说自己运用缠论经常可以抓到最低点，成功率非常高。不否认，这样的交易员我遇到过很多，当我看过他的交易记录后发现，他们运用的方法就是本书中 2.4 中的方法，他抓到的是超跌反弹时的一小段，只要及时止盈，成功率确实比较高。但他们并不知道真正的底部在哪里，如果知道真正的底部，就不应该赚了一小段利润就止盈，而应该赚一大段才对。

在实际操作中，这样的方法在震荡行情和趋势不强烈的行情中表现很优秀，成功率很高。可一遇到强烈、流畅的趋势时，就会备受打击。走势常常在你以为是底部时，经过震荡消化后继续下跌，示意图如图 6-14 所示。

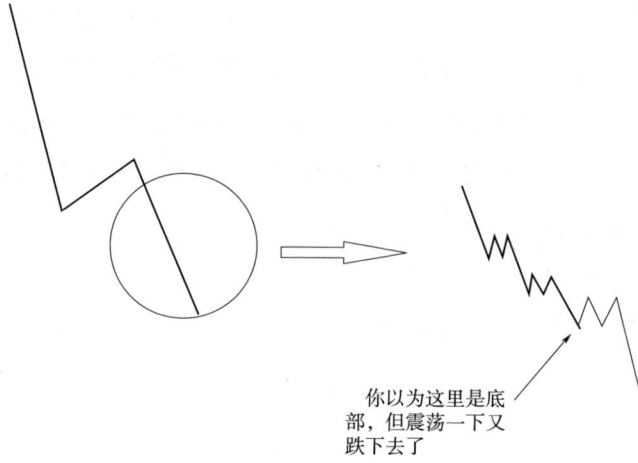

你以为这里是底部，但震荡一下又跌下去了

图 6-14　震荡后继续下跌

于是你的抄底变成图 6-15 中的两种情况。

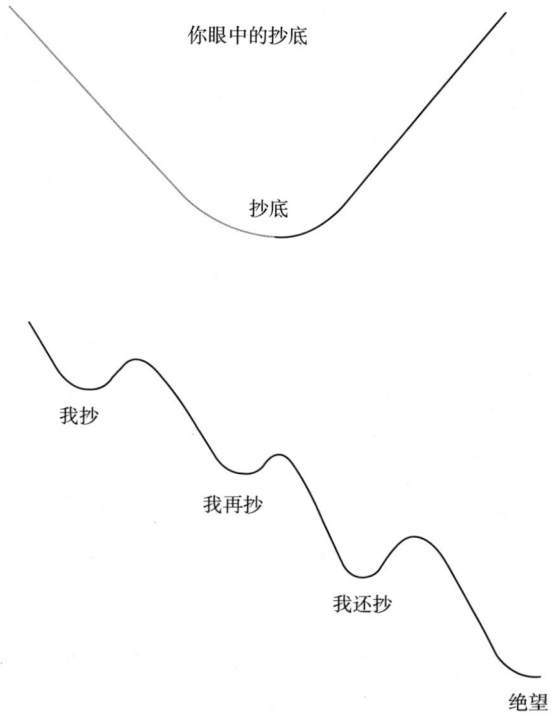

你眼中的抄底

抄底

我抄

我再抄

我还抄

绝望

图 6-15　抄底的两种情况

有句话叫："多头不死，空头不止"，就是为抄底的人定制的。只要还有人想着抄底，跌势就不会停止，直到那些抄底的人彻底绝望为止。有些缠论运用得好的人，可以在抄底时利用震荡整理解套，避免损失，但也损失了时间，降低了资金的利用率。而那些技术水平不高的人，常常在抄底中损失惨重。

我发现相当多学缠的人，在运用区间套时都喜欢抄底。我在最初学缠时，也是这样的思路。直到经过大量的实践并和很多交易员交流以后，才发现运用传统的均线、趋势线其实会更好。本书多个章节都是运用这种方法介入：突破趋势线买入和突破重要均线时买入，如图 6-16 所示。

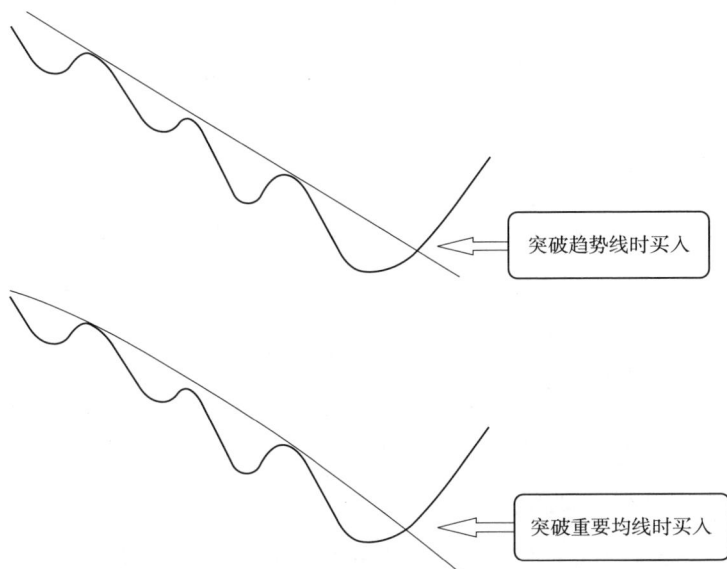

图 6-16　突破趋势线和突破重要均线时买入

这两种介入方法可以有效地避免连续抄底、连续止损的情况，尤其在强烈流畅的趋势中，运用区间套抄底止损次数会很多。而且背离并不是走势见底的必要条件，很多时候走势并没有背离，却真的见底了。如果按照区间套去找介入点，那么这种行情就会错过。正因为区间套有诸多的缺点，所以，本书推荐使用均线或趋势线作为依据进行操作。这是我学习缠论多年后的经验总结，大家可以复盘试试，到底哪种方法更好用一些。

那么，如果深入地学习缠论，大量地画图练习，能不能做到准确抄底呢？答案是不能。缠师自己也曾说过："而在任何一个走势的当下，无论前面是盘整还是趋势，都有一个两难的问题：究竟是继续延续还是改变……任何宣称自己能解决这个两难问题的，就如同在地球上宣称自己不受地球引力影响一样无效，这是任何面对技术图形的人都必须时刻牢记的"。这也就意味着，仅仅依靠技术分析方法，不可能知道走势是否要改变（反转），因此，无法做到准确抄底。

由此可知，通过区间套从大级别不断向小级别分解，精准到 1 分钟进行抄底的说法是不合理的。很多人学习缠论，被缠师一些绝对化的语言影响，走上了一条追求精准买点的思路，但实践告诉我们，这种风格成功的难度非常大，这也导致相当多的人，缠在缠论中走不出来。

6.3.2　技术分析必须在三个独立系统中才能发挥最大威力

既然运用区间套难以精准抄底从而避免多次止损，那么，有什么办法可以提高操作的成功率呢？缠师提出了三个独立的系统合参的思路。比如，有三个相互独立的研判系统，错误率分别为 30%、40%、30%，那么由这三个程序组成的程序组，其错误率就是 $30\% \times 40\% \times 30\% = 3.6\%$，也就是说，按这个程序组，操作 100 次，只会出现不到四次的失误。

当然，这是理论上的结果，有一定的理论启发意义，实际操作时会比较复杂。缠师提到的三个独立系统：一是技术分析，即笔、线段、中枢等内容组成的缠论技术体系；二是基本面；三是比价关系。缠论技术体系和基本面我们都理解，关于比价关系，有多种说法，我个人认为主要是指数和板块轮动对个股的影响。

因此，我在操作股票时，主要通过基本面看估值和大方向，通过技术面找介入点，通过指数和板块轮动规律，结合成交量研判大势。这些因素共同作为参考，会比单独使用技术分析的胜算要高很多。

"单纯的技术派是不行的，单纯的非技术派也是不行的。技术派的玩意，必须也只能在三个独立系统里才会有大的功效"。

缠论的笔、线段、中枢也属于技术派的范畴，那么，如果不把缠论分析体系与其他两个独立的系统综合考虑，缠论也是不能发挥出它的巨大功效的。

6.3.3　广义角度的区间套

广义角度的区间套必须有大局观，即以市场估值、经济形势、货币政策等基本面的依据。任何一项技术，放在一个宏观的理论背景下才能发挥出最大的效果。那些在金融领域做出巨大成就的人，如巴菲特等，他们都是做大行情、大波段。技术分析，如果结合基本面等几个独立系统，背靠大趋势去做，成就才会更大。

如果区间套的本意是大级别看方向，小级别找介入点，那么，广义角度区间套的含义，我们应该拓展开来，那就是用宏观基本面看大方向，用技术分析找介入点，再运用多种自己擅长的方法做辅助，这样才能发挥出缠论技术体系的威力。

6.4　缠论之当下

很多人运用缠论分析走势，发现事后分析怎么都对，用于实战总会被"打脸"。于是，有人说缠论是马后炮，存在未来函数。这种说法源于对传统思维方式的不理解。"不偏不倚，无过不及"的中庸思想，要求人能随着时间、地点的不同而做到不偏于一方，既不过分也无不及，在动态变化的环境中调整策略，取得平衡。也就是说，按中国传统的思维方式，先设定一个"中"的标准，然后在实践中根据情况的变化不断修正。因为没有人可以一开始就把事情办得恰到好处，当发现事情有所偏颇时，要敢于认错，及时修改。

如图 6-17 所示，走势经过较长期的上涨之后，出现一个 M 顶的形态，我们会认为走势已经见顶，可以在跌破颈线时做空，以颈线位作为止损位。而且按照技术经验，下跌的幅度能够达到 M 形态的高度，即下跌到图中 H_2 的高度，且 $H_1=H_2$。

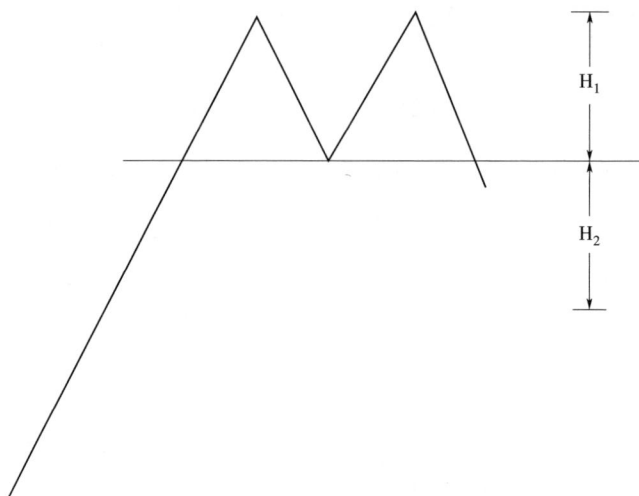

图 6-17　M 顶形态

然而，这个 M 头可能只是个"陷阱"，如图 6-18 所示，尤其是跌破之后，价格又迅速收回到颈线之上时，这是十分明显的 M 头失败信号，我会改变原来的看法，转而看多，等待突破震荡区间时做多。之所以没有在收回颈线时做多，是为了进一步确认，而且震荡区间一般没有参与价值，你不知道价格会震荡多久。而在向上突破压力位时，走势已经走好，均线纠结后重新变成多头排列向上发散，成功率会更高一些。

事后我们发现，这个走势并不是事前以为的 M 头，而是上涨中继形态。

这样的操作思路，同样给人以"事后诸葛亮"的感觉，但这才是正确的操作思路。利弗莫尔说："市场不是多头，也不是空头，而是对的一头。"如果市场的信号发生了变化，而我们的看法没有跟着发生改变，那么和刻舟求剑有什么区别呢？我们在操作过程中一定要在当下做决断，而不是事前做预测。

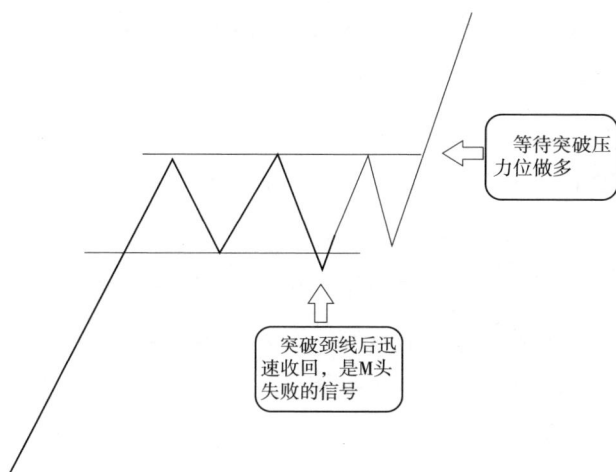

图 6-18　M 头陷阱

如果往深层次去讲，"当下"的含义，涉及传统文化的一个重要内容："三才"思想。三才即是天、地、人。简单地说，人生于天地之间，天可以代表机遇，趋势，地可以代表客观条件、周围环境。古人常常谈到天时、地利，实质上就是谈客观条件和机遇，比如"能知万物备于我，肯把三才别立根"，"时来天地皆同力，运去英雄不自由"这些话，就是讲天时和地利对人的影响。而人是站在天地之间的，是自己唯一可以直接控制的因素。在一个系统中，你唯一可以控制的因素，是系统中最大的变量，是系统中最关键的因素。机遇和客观条件很重要，但不是你可以直接控制的。要不断调整自己的思维和行动，考虑如何运用天时地利，如何做到主观能力与客观情况相统一。

在 PTA 的例子中，交易员由于对纸浆更加了解，抓住了涨势更好的纸浆的机会，短期内获得了更高的收益。而在我的认知里，我对纸浆的基本面并不了解。当时纸浆的价格在大概 5 000 元 / 手，如果用网格法操作，把最坏的结果预设为价格跌到 0 元，那么操作纸浆需要比 PTA 更多的资金。而在交易员的认知里，他对纸浆的基本面比较了解，认为纸浆跌到 5 000 元 / 手附近就比较低估了，此时就可以开始进行网格法操作。所以他做了纸浆而没有做 PTA。

　　根据当下的观念，我和交易员两人的操作都是对的，因为都是根据自己当下的认知作出决策。而很多人，喜欢听别人的意见去操作。假如理查德·丹尼斯和他在一个交易室，他看到理查德·丹尼斯买入后，也会跟着买入。可是理查德·丹尼斯可能当天就止损了，因为海龟交易法则是用多次小亏来捕捉一次大赚。或许他跟着操作几次之后，会觉得理查德·丹尼斯在耍他，则会对该方法失去了信心，从此不再跟着操作。这就是他和理查德·丹尼斯没有相同的"天"（认知、系统和智慧）导致的。如果某人和巴菲特在一个交易室，他看到巴菲特买入一只股票后，自己也跟着买入。不久发现股票一直在下跌，越套越深。此时，巴菲特补仓了，而他没有更多的资金补仓。这是因为他和巴菲特没有相同的"地"（资金实力和物质基础）。在本书中，我多次强调不要轻易跟着别人来操作，买入、卖出只是交易的要件之一，系统、策略、心态、资金实力的重要性丝毫不亚于买卖信号。

　　最佳的交易员往往是"没有观点"的交易员，即观点能够随着市场的变化而变化的交易员。我发现，很多人都有一种根深蒂固的"预测"思维，他们希望在变化的市场中找到一些确定性的东西。如果有人跟我操作，当我做空时，他以为我看空，第二天我止损做多了，他会以为我根本就拿不准，如果当天我又反手了，他一定会认为我是个大忽悠。实际上我是严格按照自己的策略操作。虽然我对自己的策略很有信心，但也常常被多次止损煎熬，需要凭借极强的意志力才能执行下去，我又怎么能相信一个外行也能做到严格执行呢？

　　具体到缠论的操作层面，要客观分析目前的各个级别，是否在中枢之中，是否出现背驰，成交量怎么样，基本面怎么样等，并根据当下不断变化的走势灵活应对。